仕事と人生に効く

教養としての映画

Movie as culture for BUSINESS and LIFE.

「日本一わかりやすい」映画講師
伊藤弘了
Hironori Itoh

PHP研究所

最近、映画を見ましたか？

「SNSやるので精一杯だもの」

「YouTubeの動画でよくね?」

なんて声が聞こえてきそうです。

映画なんて見なくてもいい。見るにしても何も考えずに楽しめばいいじゃないか。

たしかに、映画との付き合い方は人それぞれです。

でも、その付き合い方のせいで大きな損をしているかもしれませんよ。

映画の「表現」には無限の可能性がある。

実は、仕事や人生にもめちゃくちゃ役立つ。

それを、この本を手にしたあなたにぜひ知ってもらいたいのです。

大ヒットしたアニメ映画も、往年の名作も、ただ見るだけではもったいない。

ちょっとした心がけとほんの少しの知識で、映画の世界はぐっと豊かになります。

では、何を意識すればいいか。どう見ればいいか。
そして、どのようにして仕事や人生に活かせばいいのか――。

これから映画の楽しみ方、味わい方も含めてたっぷりお伝えしましょう。
それでは、講義を始めます。

あ、申し遅れました。
みなさんを映画の世界にいざなう
案内役・イトウです。
大学で映画について教えています。

プ　ロ　ロ　ー　グ

Prologue

「トイ・ストーリー」は難しい？

「映画を見るなんて簡単なことでしょ」

「映画を見るのに特別な知識や経験は必要ないじゃん」

「だいたい映画は感性で味わうべきもので、それに対する分析や批評は野暮だよね」

もしかして、映画に対してそんな風に思っていませんか？
ですが、私はこうした意見には同意できません。

映画を見ることは難しい。

これが本書のスタート地点です。

「そう言われてもピンとこないなあ」というあなたにこそ、この本の内容は役立つでしょう。

「難しいのなら別にいいや」と思って本を閉じかけた方は、騙されたと思ってもう少しお付き合いください。これからあなたのその認識を変えてみせたいと思います。

本書を読み終える頃には、「映画を見ることは難しい、だからこそ楽しい」という気持ちに変わっているはずです。

「映画を見ることは難しい」と言われて首をかしげるのはおそらく普通の反応です。

一般に、映画を見てその内容を理解することは、むしろ簡単なことだと考えられています。

小さいお子さんをお持ちの方であれば、なおさらそう思われるかもしれません。

「うちの子はジブリやディズニーのアニメーション映画を見て、しっかり内容を理解して楽しんでいる」というご家庭はたくさんあることでしょう。

子どもから大人まで、誰が見ても直観的に理解できるのが映画の強みであり、だからこそ身近な娯楽として親しまれているわけですからね。

たしかに、映画がわかりやすいものだという認識は一面の真理を突いてはいます。じっさい、映画はそのわかりやすさゆえに長らく「大衆娯楽の王者」として君臨してきました。

ですが、それはまやかしの真実に過ぎません。

むしろ難しさを押し隠し、いかにも簡単そうな顔をして現れるところに映画の奥深さがあると言ったらいいでしょうか。一度見ればすべてを理解できるほど、単純なものではないのです。

「トイ・ストーリー」から読み解くフロンティア精神

「トイ・ストーリー」というアニメーション映画のシリーズがありますよね。ピクサー・アニメーション・スタジオの代表作で、日本でもよく知られている大ヒットシリーズです。

『トイ・ストーリー3』（リー・アンクリッチ監督、2010年）と**『トイ・ストーリー4』**（ジョシュ・クーリー監督、2019年）は、いずれも100億円を超える記録的な国内興行収入を叩き出しています。子どもから大人まで多くのファンを持つ「トイ・ストーリー」シリーズはわかりやすい映画の筆頭と言っていいでしょう。

作品を見るにあたって特段の前提知識を必要とするわけではありませんし、練り上げられたストーリーも明快そのものです。

誰もが気軽に楽しめる作品ですが、そこにはアメリカの歴史と国民性、ハリウッド製のジャンル映画の記憶がこれでもかとばかりに色濃く刻印されているのです。そのことを意識するのとしないのとでは、作品鑑賞の質がまるで変わってきます。

「トイ・ストーリー」は、その名の通りオモチャたちの活躍を描いた作品ですが、主人公のウッディがカウボーイ（保安官）の人形に設定されているのはなぜでしょうか？

また、ウッディの相棒役のバズ・ライトイヤーがスペースレンジャーなのはな

『トイ・ストーリー』
（ジョン・ラセター監督、1995年）

アンディ少年がもつオモチャたちの活躍を描いた大人気シリーズの第1作目。アンディのお気に入りであるカウボーイ人形のウッディ（トム・ハンクス）と、新たにやってきたスペースレンジャーのバズ・ライトイヤー（ティム・アレン）を中心に、おもちゃたちが力を合わせて次々と襲いかかってくるピンチを切り抜けていく王道のストーリーは痛快そのもの。

ぜでしょう?

映画研究者の川本徹は『荒野のオデュッセイア――西部劇映画論』（みすず書房）のなかでこれらの疑問に答えてくれています。この本の内容にそって解説していきましょう。

学問の水準は集合知の力で上がっていくものです。本書でも、すぐれた研究成果は積極的に紹介させてもらいます。

カウボーイとスペースレンジャー。

一見すると何の共通点もないように思われるかもしれませんが、アメリカ人はこの二つをあるキーワードによって結びつけます。

それは「フロンティア」です。

アメリカにとって西部のフロンティア開拓は「明白なる天命（マニフェスト・ディスティニー）」でした。その様相を描いた西部劇という映画ジャンルは一大隆盛を誇り、長らく古典的ハリウッド映画の中枢を占めていました。

『スペース カウボーイ』

（クリント・イーストウッド監督、2000年）

主人公のフランクを演じるのは監督のイーストウッド自身。かつてアメリカ初の宇宙飛行士になるはずだったフランクは、NASAの計画変更でその夢を諦めざるをえなくなった。それから40年後、郊外で妻と静かに暮らしていたフランクは、自分の設計が流用されていた旧ソ連の通信衛星を修理するために宇宙へと向かうことになる。数多くの西部劇映画に出演し、自らも監督を務めたことで知られるイーストウッドが、宇宙という「フロンティア」を舞台に正義の実現を目指す。

カウボーイとは西部劇の主人公にほかなりません。しかし、西部が開拓され尽くしフロンティアが消滅したのと同様に、ジャンルとしての西部劇の人気もやがて下火を迎えます。

そこでアメリカ人（ハリウッド映画）が次に見定めたフロンティアが「宇宙」でした。

「スター・トレック」シリーズの冒頭のナレーションが「宇宙、そこは最後のフロンティア」であったことを思い起こしてください。カウボーイとスペースレンジャーは新旧のフロンティアを象徴するヒーローであり、この二人がバディを組んでいるのはアメリカ人にとってきわめて理にかなったことなのです。

カウボーイと宇宙の相性がよいのは**『スペース カウボーイ』**（クリント・イーストウッド監督、２０００年）といった〝そのものズバリ〟のタイトルを持った映画の存在を考えても明らかでしょう。

比較的近年の作品では、火星からの脱出を描いた**『オデッセイ』**（リドリー・スコット監督、２０１５年）なども西部劇のエッセンスと宇宙を掛け合わせた映画です（劇中で主人公のマット・デイモンが「カウボーイ」という単語を何気なく口ずさむ瞬間を見逃してはなりません）。

『オデッセイ』
（リドリー・スコット監督、2015年）

火星探査に参加したマーク・ワトニー（マット・デイモン）は、任務中に発生した砂嵐に巻き込まれてほかのクルーとはぐれてしまい、一人、火星に取り残される。彼は救助がやってくるまで生き延びることができるのか。植物学者のワトニーは、食糧不足を解消するためにジャガイモの栽培に挑戦し、収穫に成功する。フロンティア・スピリットと科学の力によって火星の「植民地化」を成し遂げたのである。これは「未開の地の開拓と文明化」という西部劇の重要なテーマに連なるものである。

普通のシーンにも意味がある

さて、フロンティアは空間的な広がりだけを指す概念ではありません。そこには「テクノロジー」の問題も密接に関わってきます。

『トイ・ストーリー3』の冒頭ではアンディ少年（オモチャの持ち主）の空想（ごっこ遊び）が描かれます。

西部劇には欠かせないモニュメント・バレーのなかを走り抜ける列車を舞台に、列車強盗と保安官の戦いが繰り広げられるのですが、宇宙船やレーザービームなど、さまざまなテクノロジーを用いた応酬の果てに、強盗団は「サル爆弾」という兵器を使用します。

爆発後に赤いキノコ雲を形成する「サル爆弾」は、明らかに核兵器をモチーフにしています。

実は、アメリカ西部と核開発には歴史的に深い結びつきがあります。

モニュメント・バレーには核兵器の原料となるウラン鉱床が存在し、広大な砂漠地帯を有する西部一帯では繰り返し核実験が行なわれてきました。

西部劇と核兵器の組み合わせを描いた映画としては、スタンリー・キューブリック監督の傑作ブラック・コメディ**『博士の異常な愛情』**（1964年）があります。

この映画では、カウボーイハットをかぶった軍人が核爆弾にまたがって落下する印象的なシーンが見られます。

つまりアメリカ西部には、19世紀に文明化を後押しした「鉄道」という古いテクノロジーと、その後20世紀に開発が進んだ「核兵器」という新しいテクノロジーの記憶が同時に眠っているのです。

夢が無意識の反映であるとする精神分析の教えに従うならば、アンディ少年の荒唐《こうとう》無稽《むけい》な空想（白昼夢）は、アメリカ人の無意識をきわめて正確に映し出していたというわけです。

何の変哲もないシーンに隠された深い意味は、宝物のようなものです。

せっかく映画を見るのなら、少しでも多くの宝物を手に入れたいとは思いませんか？

『博士の異常な愛情』
（スタンリー・キューブリック監督、1964年）

冷戦下の米ソ核戦争の危機を風刺的に描いた傑作ブラック・コメディ。正式な邦題は『博士の異常な愛情 または私は如何にして心配するのを止めて水爆を愛するようになったか』で、原題をほぼ直訳したもの。主演のピーター・セラーズが一人で三役（ストレンジラヴ博士、ライオネル・マンドレイク大佐、マーキン・マフリー大統領）をこなしているのも見どころ。

映画の「夢」にあらわれるアメリカ人の「無意識」

＊ここで紹介した内容は、川本徹『荒野のオデュッセイア——西部劇映画論』（みすず書房、2014年）に基づくものです。「トイ・ストーリー」と西部劇の関係についてさらに深く知りたい方にはぜひおすすめしたい一冊です。西部劇の本格的な研究書ですが、映画研究のエッセンスを保持しつつ、一般の方にも理解できるような平易かつ格調高い文章で書かれており、知的好奇心を刺激されること請け合いです。

「横のつながり」を意識する

少々込み入った話にお付き合いいただきましたが、映画を見ることの難しさ、あるいはその妙味のようなものが伝わったでしょうか。

子ども向けと思われている「トイ・ストーリー」のわずかなシーンには、アメリカという国家のたどってきた歴史やその国民性がまるごと折り畳まれていたのです。

もちろん、そんなことに思い至らずとも、映画を楽しむこと自体は可能です。映画のわかりやすさにあえて身を委《ゆだ》ねてみること。それもまたひとつの見識には違いありません。ですが、あえて意地悪な言い方をするならば、やはりそれはちょっと安易な態度なのではありませんか。

たしかに映画は、表面的にはわかりやすいものがほとんどです。そして、わかりやすいものを直観的に受け取る経験は快適なものでしょう。

じっさい、エンタメに振り切った作品のなかには頭を空っぽにして鑑賞した方が楽しめるものも数多く存在していることでしょう。

そうした作品に身を投じる時間を作るのは決して悪いことではありません。でも私は、そのような鑑賞体験ばかりを繰り返すのは成熟した大人の態度ではないと思っています。映画のわかりやすさに留まることは簡単です。この本を手に取ったあなたには、ぜひそこから一歩踏み出す勇気を持ってほしいのです。

映画を見ることは難しい。だからこそ、挑戦する価値がある。

私はそのように思っています。

知識を身につけることで映画の見方は無限に広がっていきます。先ほど「トイ・ストーリー」と西部劇について紹介した際、意図的にいくつかほかの映画のタイトルを挙げました。個々の作品を深く見られるようになるだけでなく、映画には「横のつながり」が存在することにも目を向けてほしかったからです。

無数の作品から共通項を探す

資本主義の限界

ベトナム戦争

アメリカの「敗戦」

||

共通項を見つけて映画を見る

⇩

教養が深まる

映画史の膨大な情報を前にして、メタな視点からその特徴を抽出し、それぞれにラベルを貼って使えるように整理し直すことは、「ビジネスの基本」にもつながるのではないでしょうか。

知識にくわえて、ささいなセリフや演出上の工夫に気づく鋭敏な感性もまた映画の見方を深めてくれるでしょう。

そうした研ぎ澄まされた観察力や注意力は、ビジネスのさまざまな現場に活きてくるはずです。それはあなた自身の可能性を広げてくれるかもしれません。

ここで重要なのは、知識や感性は後天的に身につけたり磨いたりできるということです。

知識や感性を磨くのに遅すぎるということはありません。もちろん若い頃の方が知識の吸収は早いかもしれませんが、年を重ねたからこそ見えてくる境地もあるでしょう。しかも、受験や高度な資格試験のための勉強とは違って、修行的な苦労も必要ありません。そのためのわずかな一手間を惜しむかどうか。その積み重ねはやがてあなたの人生に大きな違いをもたらすでしょう。

1本の映画を見るためにはおおよそ2時間ほどの時間が必要です。同じ2時間を過ごすのであれば、ほんの少しの工夫と意識づけでより大きな成果を得られるようにしてみませんか。

能力の底上げにつながる

映画研究者＝批評家としての立場から、私は「映画を意識的に見ることは、人間としての能力の底上げや人生の向上につながる」という確信を抱いています。今回はそれをみなさんに実感していただくために筆をとりました。

本書の内容は、映画が好きな人はもちろん、ビジネスパーソンや実業家、あるいは何かを成し遂げて人生をより充実したものにしたいと考えるすべての人の役に立つと自負しています。

これまでたくさんの映画に触れてきた人にさらなる学びや気づきをもたらすと同時に、これから本格的に見始めようとする人の手元に置いてもらえるような「映画のテキスト」を目指しました。大学の講義を受けているような気持ちで、でも変に身構えることなく気楽に読み進めてみてください。

仕事に行き詰まったときにこの本をパラパラとめくって読み返すと、思わぬ突破口が見つかるかもしれません。

本書の構成を簡単に説明しておきます。

各章（各講義）はゆるやかなつながりを持っていますが、基本的には独立した内容になっていますので、どこから読んでいただいても構いません。興味のある項目があれば、どうぞそこから読み始めてください。

第1講では、映画を見るべき理由について深く掘り下げて考えてみたいと思います。私は、現代ほど映画を見ることに適している時代はないと思っています。また、映画を見ることがビジネスパーソンにとって得難い経験になる理由もここで詳しく解説していきます。

すでに映画を見る習慣が身についている人は読み飛ばしていただいても結構です。

第2講では、映画を見る際に押さえておきたい基本的な歴史や知識（キーワード）を紹介します。「トイ・ストーリー」の例からもおわかりいただけるように、知識は映画体験をより濃密なものへと変えてくれます。

また、映画の歴史は、実は映画をめぐるビジネスの歴史でもあります。製作に莫大な費用がかかる商業映画には失敗が許されません。先人たちは効果的なリスクヘッジの方法を模索しながら映画産業を発展させてきたのです。ちなみに、「トイ・ストーリー」の成功によって一躍世界的なアニメーション・スタジオとして名を馳《は》せたピクサーは、もともとスティーブ・ジョブズがCG制作ツールの開発と販売のために立ち上げた会社で、長らく赤字経営に苦しんでいました。

インターミッションのコラムでは、ピクサーの大逆転劇について紹介します。


第3、4、5、6、7講では、じっさいに映画を分析的に鑑賞する方法を見ていきましょう。ここが本書の中核をなす部分です。

映画の分析は、知識にくわえて感性がものを言う領域です。映画分析を通して磨かれたマインドセットは、ビジネスはもとよりみなさんの日常生活をより充実したものへと変えてくれるはずです。

第4講で取り上げる『**東京物語**』（小津安二郎監督）から、第7講でふれる『**ボヘミアン・ラプソディ**』（ブライアン・シンガー監督、2018年）まで、邦画、洋画の名作を題材にして、映画の「楽しみ方」を伝授します。

最終講では、映画を見たあとのアウトプット術を紹介していきます。自分が考えたり感じたりしたことを的確に表現するプレゼンテーション能力は、現代人にとって必須のスキルと言っても過言ではありません。その肝をお伝えできればと思います。

アウトプットには手間と労力がかかるものです。

なぜなら自分が見た映画について考えることは、自分自身を見つめ直す作業にほかならないからです。それだけに、充実したアウトプットはあなた自身をアップデートしてくれることでしょう。最初は簡単にできるものから紹介していきますので、心配する必要はありません。

巻末には洋画と邦画の重要作品111タイトルを年代順にマッピングした図表を載せています。みなさんが鑑賞作品を選ぶ際のヒントにしていただければ幸いです。

本書を執筆するうえで、一つこだわっている点があります。

私はいくつかの大学で映画論の講義を担当しています。のべ数百人もの学生に映画の魅力、楽しみ方を伝えてきました。

綺麗事に聞こえるかもしれませんが、大学の授業は教員が一方的に知識を伝達する場ではなく、教員と学生が双方向的に刺激を与え合ってお互いを高めていく場だと思っています。じっさい、授業を通して教員が学ぶことも少なくありません。

本書でも双方向性を意識した形式で、読者の皆さんとの掛け合いを楽しみながら話を進めていきます。

この本を通して、みなさんの映画人生がより豊かなものとなりますように。

「というわけで、よろしくお願いします。本書は『映画鑑賞の入門書』。欄外では、本文で引用した映画作品の紹介や予備知識の解説を行なっていきます」

「は、はい。なんだか映画って仕事にも役に立ちそうだぞ」

「私はすでに眠くなってきたわ。早くYouTube見たい」

「まずは映画を楽しむことが大前提です。気楽に読み進めてくださいね」

本書のカリキュラム

	内容	期待できる効果	題材（書籍・映画）
第1講	映画がもたらすメリットを把握する	映画との距離感が縮まる	『映画を見ると得をする』（書籍）
第2講	映画を見る際に押さえておきたい基本的な歴史や知識を学ぶ	コンテンツビジネスの構造がわかる	『PIXAR ピクサー 世界一のアニメーション企業の今まで語られなかったお金の話』（書籍）
第3講	日本の古典映画が世界で評価される理由を知る	モノづくりに向き合う姿勢をつくる	『お遊さま』（溝口健二）
第4講	カメラのアングル、ショット、余白など小津安二郎の表現美に触れる	コンテンツの切り取り方、見せ方の引き出しを増やす	『東京物語』（小津安二郎）
第5講	社会への批判、他者への共感の大切さを知る	批判的思考を磨く	『海街diary』（是枝裕和）
第6講	映画のルール（約束）を破った作品を鑑賞する	バイアスにとらわれないモノの見方を養う	『裏窓』（アルフレッド・ヒッチコック）
第7講	映画の負の面、怖さに触れる	他人を説得するノウハウを体得する	『ボヘミアンラプソディ』（ブライアン・シンガー）『意志の勝利』（レニ・リーフェンシュタール）
最終講	鑑賞記録のつけ方、感想のアウトプット法を学ぶ	編集力、プレゼン力が高まる	Twitter投稿

「盛りだくさんだなあ」

※本書内ではいくつか映画作品を紹介しますが、「ネタバレ」を含む箇所があります。あらかじめご承知おきください。なお映画を鑑賞した後に本書を読むと、いっそう映画の奥深さに触れることができます。

登場人物紹介

イトウ先生

大学で映画の見方を教える映画研究者＝批評家。小津安二郎作品が大好き。有名なロケ地に足を運ぶことも。好きな作品は『東京物語』『彼岸花』。

リュウくん

趣味の音楽に情熱を注ぐ。ミーハーな性格のため、話題の映画作品だけはチェックしている。好きな作品は『ダークナイト』『アベンジャーズ』。

セッちゃん

映画館にはほとんど行かない。休日は、YouTubeやNetflix（ネットフリックス）三昧。1時間以上の動画は耐えられない。好きな作品は、特になし。

仕事と人生に効く教養としての映画　目次

Index

プロローグ
Prologue

「トイ・ストーリー」は難しい？

第1講
Chapter 1

映画を見たらどんないいことがあるか
——人生が劇的に変わる5大効用

第2講 Chapter 2 映画史を知ればビジネスの基本がわかる——イノベーションと産業の歴史

第3講 Chapter 3

日本の古典映画はなぜ世界で評価されるのか——黒澤・溝口のすごい仕事術

第4講 Chapter 4

絵画のように映画を見る ——人間の真実を描いた小津の『東京物語』

第5講

Chapter 5

映画で考える「家族のあり方」——是枝裕和『海街diary』の視線劇

INTERMISSION

第6講

Chapter 6

映画のトリックに騙されてみる——ヒッチコックから学ぶ「バイアス」にとらわれない方法

最終講

Final Chapter

あなたの感想が世界を変える

——情報を整理し、表現する力

※本書内に登場する人物については、敬称略といたします。

第1講

Chapter 1

映画を見たら
どんないいことがあるか
——人生が劇的に変わる5大効用

映画は無駄か？

「なぜ人は映画を見るのか？」

そう聞かれたら、みなさんならどのように答えますか？

「スカッとするし、気分転換にもなる」

「デートに誘う口実になるから」

それぞれ立派な理由です。

もちろん、この種の問いに唯一の正解はありません。とはいえ、これでは少し単純すぎますね。

「映画を見ると得をするから」というのが私の考えるひとつの答えです。

それがどういうことかは、第1講をお読みいただければわかると思います。

「人は映画を見るものだ」という前提で話を始めてしまいましたが、なかには「映画なんて時間の無駄だからまったく見ない」という人もいるでしょう。

日々、目まぐるしく移り変わっていく世の中でビジネスの最前線に立ち続けるためには、映画を見ている暇などなく、ほかにやるべきことがいくらでもあると思われるかもしれません。

でも、ちょっと待ってください。

映画を見るのは本当に無駄なことでしょうか？

それどころか、実は、第一線で働くビジネスパーソンにこそ、映画を見る時間が必要なのではないでしょうか？

まずは映画をめぐる現在の状況を踏まえたうえで、映画を見ることのメリットをひとつずつ考えていきましょう。

映画は「オワコン」ではない

さて、そもそも人々は言うほど映画を見ているのでしょうか。

1960年代に一般家庭にテレビが普及してからこのかた、映画は「斜陽産業」と言われ続けてきました。現代風に言えば「オワコン」ということになるでしょう。

ですが、結論から言えば、人々はいまでも映画を見続けています。

というより、むしろ過去20年間でいまほど映画が見られていたことはないと言ってもいいほどなのです。

具体的な数字を確認してみましょう。

2019年の映画の年間興行収入は2611億円強でした（一般社団法人日本映画製作者連盟の発表）。これは、統計をとり始めた2000年以降で最高の成績です＊（それ以前は「興行収入」ではなく「配給収入」を発表していました）。

観客動員数は1億9491万人で、こちらも2000年以降ではもっとも高い数字を記録しています。

＊**過去最高の興行収入**　2019年の興行収入や観客動員数が好調だった理由について、ざっくり言えば大ヒット作に多数恵まれ、若い世代が映画館を訪れたことが指摘されています。ちなみに邦画の興行収入トップは、『天気の子』［新海誠監督］の140億6000万円で、洋画は『アナと雪の女王2』［クリス・バック、ジェニファー・リー監督］の127億9000万円でした。

㋑興行収入と配給収入については、99ページをご参照ください。

歴代興行収入ランキング(日本)

1位	劇場版「鬼滅の刃」無限列車編	東宝/アニプレックス
2位	千と千尋の神隠し	東宝
3位	タイタニック	FOX
4位	アナと雪の女王	ディズニー
5位	君の名は。	東宝
6位	ハリー・ポッターと賢者の石	ワーナー
7位	もののけ姫	東宝
8位	ハウルの動く城	東宝
9位	踊る大捜査線 THE MOVIE2 レインボーブリッジを封鎖せよ!	東宝
10位	ハリー・ポッターと秘密の部屋	ワーナー
11位	アバター	FOX
12位	崖の上のポニョ	東宝
13位	天気の子	東宝
14位	ラスト・サムライ	ワーナー
15位	E.T.	CIC
16位	アルマゲドン	ディズニー
17位	ハリー・ポッターとアズカバンの囚人	ワーナー
18位	アナと雪の女王2	ディズニー
19位	ボヘミアン・ラプソディ	FOX
20位	ジュラシック・パーク	UIP
21位	スター・ウォーズ エピソード1 ファントム・メナス	FOX
22位	美女と野獣	ディズニー
23位	アラジン	ディズニー
24位	風立ちぬ	東宝
25位	アリス・イン・ワンダーランド	ディズニー
26位	スター・ウォーズ/フォースの覚醒	ディズニー
27位	南極物語	角川
28位	マトリックス・リローデッド	ワーナー
29位	ファインディング・ニモ	ディズニー
30位	ハリー・ポッターと炎のゴブレット	ワーナー

2021年6月時点

２０２０年はコロナ禍《か》の影響もあって観客数、興行収入ともに２０１９年の55％弱に落ち込んでしまいましたが、そのような状況のなかで**『劇場版「鬼滅の刃」無限列車編』**が歴代最高の興行収入を記録したことは注目に値します。

人々には依然として映画に対する強い欲求があり、機会があれば困難な状況下でも映画館に足を運ぶということが証明されたからです。

また、今日《こんにち》、映画は必ずしも映画館だけで見られるわけではないことも踏まえておく必要があります。

スタジオジブリの過去の名作が地上波で放映されるたびに高視聴率を記録し、ＳＮＳ上で異様な盛り上がりを見せる光景はもはや風物詩として定着しつつあります。

テレビ放映だけでなく、ＤＶＤやBlu-rayのレンタルもさかんに行なわれていますし、Netflixやアマゾン Amazon Prime Videoをはじめとするサブスクリプション方式（定額制課金方式）の動画配信サービスも好調です。*

「映画館で見たい映画を見ること」は、実は依然として都市部に暮らす人間にのみ許された贅沢です（地方には近くに映画館のない地域がいくらでもあります）。

しかし、映画ソフトのレンタルや動画配信サービスの充実によって、現代の日本に

＊**サブスク視聴の脅威**　2020年9月には、Netflixの日本国内の有料会員数が500万人以上に達していることが発表され、話題となりました。

生きる私たちは、人類の歴史上もっとも映画にアクセスしやすい環境にあるのです（その一方で、戦前の作品を中心に、オリジナル・フィルムの消失によって二度と見ることのできない映画が大量に存在していることは銘記しておかなければなりません）。

YouTube動画とは決定的に違う性質

映画にアクセスしやすい環境が整っていることは、人が映画を見る理由の一端ではあるでしょう。

しかし、「なぜ映画を見るのか？」という問いに対して「環境が整っているから」というのでは、答えとしてやや消極的です。

たしかに、手元にスマホが一台あれば、モニターやプレイヤー、ソフト等を準備しなくても映画を見ることはできます。

しかし、スマホにはそれ以外にもさまざまなことが可能です。

電車内でSNSをチェックしたり、WEBニュースを見たりする人々の姿はありふれたものとなりました。あるいは、スマホ上で本や漫画を読むことさえできてしまいます。

はたして、現代人に許されたあまたの娯楽のなかで、あえて映画を見ることを選択するインセンティブはあるのでしょうか。

さまざまな娯楽のなかで、映画がことさら有利な位置を占めているとは私は思いません。

映画を見るにはまず時間がかかります。

くわえて、内容を理解して吟味するためにはそれなりの集中力も求められます。

一般的な長編の劇映画であれば、通常は2時間前後の上映時間があります*。その間、眼前を流れる映像を集中して見続けることは、考えてみればなかなか大変な作業です。

ですが、映画にはテレビ番組やYouTubeの動画コンテンツとは決定的に異なる性質があります。

それは、多くの映画が映画館で上映されることを前提に作られているという事情に由来します。まずはこの点について考えていきます。

＊**上映時間**　なぜ映画の上映時間が2時間前後に落ち着くのかといえば、実はビジネス上の問題とも関係しています。上映時間が長くなれば映画館で上映できる回数が減り、その分損失につながりかねないのです

映画館だからヒットした『カメラを止めるな！』

あまりにも退屈で好みに合わない作品であれば、映画館で見ていても途中退席する人もいるでしょう。しかし、上映が始まる前にすでに2000円前後の入場券を購入しているため、つまらないと思ってもとりあえず最後まで見てしまう場合がほとんどではないでしょうか。

当たり前のことを言っているようですが、これは、映画の歴史を考えるにあたってなかなか重要なポイントです。

こうした興行上の仕組みは、映画に先立って存在していた演劇や芝居から受け継がれた伝統だからです。

テレビ番組の場合、視聴者につまらないと思われたら、すぐにチャンネルを変えられるか電源を切られてしまうでしょう。ネット動画の場合も同様で、ブラウザを閉じられるか、おすすめ欄に上がっている別の動画に切り替えられてしまいます。

映画館であれば、見ている映画がつまらないからといって、隣のスクリーンで上映されている別の映画を見ようということにはまずなりません。また、たとえそのような観客がいたとしても、別の映画を見るためには再度チケットを買い直す必要がありますので、興行上はむしろ歓迎ということにさえなります。映画の場合、こうした上映システムが作品内容に反映されます。

つまり、途中で離席されることをそれほど恐れなくてもいいというのが、映画製作上の強みとなるわけです。

2018年に日本中を席巻した『**カメラを止めるな！**』（上田慎一郎監督）は、そうした強みを存分に利用した快作でした。この作品は前半40分弱が後半のための伏線になっていて、その部分だけを見るとむしろ退屈なつくりになっています。ですが、映画館で本作を見た観客の多くは、その退屈な時間に耐えることができました。そして、映画を最後まで見ると退屈に思われた前半部分がいかに重要であったかが理解され、大きな満足（カタルシス）を得られる仕掛けになっているのです。

もっとも、映画のこのような特性は、自宅で映画を鑑賞する際のハードルの高さと紙一重の関係にあります。*

＊「カメ止め」地上波　2019年3月に、『カメラを止めるな!』が地上波で初放映された際、本作のファンの方々は、初見の人が前半のパートでチャンネルを変えてしまうのではないかと気を揉んでいました。ですが、ふたを開けてみると、平均視聴率は11.9%（ビデオリサーチ調べ、関東地区）と高い数字を記録しており、視聴者の維持におおむね成功しています。完全ノーカットだった今回の放送では、冒頭からの約40分間に一切CMを入れずに放送したのが奏功したようです。

没頭してコンテンツに触れる稀少な営み

映画館というのは、お金を払って自らを受動的な存在に変える場所でもあります。上映中にトイレに行きたくなっても一時停止することはできませんし、劇場内でスマホをチェックするのも当然ご法度です。いまのところこうしたコンテンツは、映画のほかには演劇やコンサートくらいしかありません。

ですが、自宅で鑑賞する際にはそうした強制力が働きづらくなってしまいます。

私自身、恥ずかしながらＤＶＤで映画を見ているときについついスマホを触ってしまうことがあります。ですが、画面から目を離せばその分だけ映画から引き出せたはずの楽しみが減ってしまいます。

デジタル機器はなるべく手の届かないところに置き、映画に集中するように心がけていますが、それでも気になってしまうものです。

映画史的な経緯から言っても、やはり映画は映画館で見るのが一番だと私は思います。

しかし「映画館以外では絶対に映画を見ない」というような映画館原理主義者でもありません。

見たい作品の上映時間に合わせて映画館を訪れるには、自宅でＤＶＤを再生する以上の高いハードルを超えなければなりません。一日の上映回数が限られている作品や、上映回が日中にしかない作品だと、その時間に合わせて学業や仕事のスケジュールを調整しなくてはならないでしょう。

時間と場所の制約がある以上、さまざまな事情から気軽に映画館に行けないという方も当然出てきます。現在のように、新型コロナウイルス感染拡大の影響で映画館に行きづらい状況下にあっては、ソフトや配信サービスのありがたみがいっそう身に沁みてわかります。

映画館で映画を見ることが非常に重要な経験をもたらしてくれることは間違いありませんが、それはそれとして、映画館で上映されないからという理由である作品を見ないで済ませてしまうよりは、モニターやタブレット、スマホ等の小さな画面であっても、見ておいた方がいいと考えています。

映画鑑賞の5大メリット

「映画の特徴についてはよくわかったから、映画を見たらどんないいことがあるか早く教えてよ！」

わかりました。ここからは、より具体的に映画鑑賞のメリットを5つに分けてお伝えしていきます。

映画の効用 1　感情の起伏を経験し、内省を深めることができる

さて、『カメラを止めるな！』は極端な構成の例ですが、2016年に特大ヒットを記録した**『君の名は。』**でもやはり同様のことが言えます。

じっさい、新海誠監督は、自身のTwitterに映画の時系列と観客の感情グラフを重ね合わせた図を投稿しています。

2時間のあいだ、ずっとハイテンションなシーンが続くとさすがに観客は疲れてしまいます。そこで、映画のクライマックスできちんと観客の感情が盛り上がるように、あえて落ち着いたシーン、場合によっては退屈とも思えるシーンを作品内に配しているわけです。

見ている映画があまりにおもしろくて、時間を忘れて作品世界に没入した経験はみなさんにもあると思います。

映画が観客にそのような体験を提供できるのも、一定の時間をかけて盛り上がりを調整することができるからです。

逆説的なことに、作品のなかに退屈な時間が設定されているからこそ、没我の境地を味わえるようになるのです。作品内にあえて緩急を設けているということです。

このように、映画にはある程度の時間をかけてじっくり観客の心情を操作する自由が許されています。これがチャンネルの切り替えを常に恐れなければならないテレビのバラエティ番組やネット番組と決定的に異なる点です。

CM等に遮《さえぎ》られることなく、2時間前後の上映時間を通して強く感

『君の名は。』
（新海誠監督、2016年）

東京に暮らす男子高校生の瀧（神木隆之介）と飛騨に暮らす女子高生の三葉（上白石萌音）は、互いの中身が入れ替わるという不思議な現象に見舞われる。最初は困惑するものの、それぞれの生活を守るためにルールを決め、どうにか入れ替わりの日々をやり過ごしていく。入れ替わりを繰り返すうちに、いつしか互いに好意を抱くようになるが、あるとき突然、入れ替わりが起こらなくなってしまう。三葉に会うために飛騨へと向かった瀧は、そこで衝撃的な事実を突きつけられる。

㋑『君の名は。』については、公開時に「線」のモチーフに着目した作品論を書いていますので、興味のある方はぜひお読みください。伊藤弘了「恋する彗星──映画『君の名は。』を「線の主題」で読み解く」、『エクリヲ』（Web版）、2017年。http://ecrito.fever.jp/20170123213636

映画館は没我の境地を味わえる唯一無二の空間。
現実逃避にも最適!

情を揺さぶられること。映画の特別な楽しみは、まずはこのように要約できるでしょう（もちろん、短編映画には短編映画の魅力と楽しみがあるわけですが）。

人は、基本的に感情を揺さぶられることに快を覚える動物です。

この場合の感情の揺らぎには、「楽しい」「興奮する」といったポジティブなものだけでなく、「怖い」「悲しい」といった一見するとネガティブなものも含まれます。人間は、涙を流すために進んでメロドラマ映画を見に行き、恐怖を感じるためにホラー映画を見に行く倒錯した生き物なのです。

映画という擬似現実を通して感情の起伏を経験できること。映画の特別な楽しみは、このようにも言うことができるでしょう。

魂が揺さぶられるような大きな感情の変化の積み重ねは、あなたの人生をより彩り豊かなものにしてくれるはずです。

誰しも、自分の実生活のなかで過度の恐怖や悲しみは感じたくないものです。ですが、映画というフィクションを通してであれば、リスクを負うことなくそうしたネガティブな感情に浸ることができます（感情の起伏それ自体がしんどいので映画自体［あるいは特定のジャンルの映画」を見るのが苦手だという人の存在は承知しています）。

〝スマホ疲れ〟にも効果的

現代は情報過多の時代です。メディアは人々の興味を惹くために、ことさらに扇情的なゴシップや刺激的なニュースを取り上げます。スマホ画面を眺めていると、嫌でもそうした情報に晒されることになります。

情報を得ることはもちろん悪いことではありません。ですが、次々と更新されていくそうした情報に触れ続けていると、次第に心が疲弊し、感覚が麻痺していきます。

「スマホ疲れ」という言葉がありますが、スマホのもたらす刺激に依存している多くの人は、その状態が不健全であることを本能的に感じているのです*。

なんとなくスマホやパソコンでネットサーフィンをしているうちに休日が終わっていたという経験は多くの人が身に覚えのあるものだと思います。正直なところ、私自身もしばしばそうした不毛な時間を過ごし、その度に言いようのない自己嫌悪に陥っています。

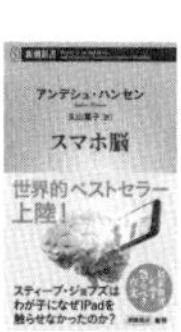

＊**スマホ疲れ**　『スマホ脳』（アンデシュ・ハンセン著、久山葉子訳、新潮新書）によれば、「1日2時間を超えるスクリーンタイムはうつのリスクを高める」とのこと。

映画を見ることは、ある種のデジタルデトックスになります。

集中して映画を見ている間は、デジタル機器からの刺激をシャットアウトできるからです。映画を見ている時間とは、自分の心の動きを見つめる時間にほかなりません。

映画を通して感情の起伏を積み重ねていくと、自分の感情の振れ幅がわかるようになります。

自分はどういう状況に喜びを見出したり、怒りを覚えたり、悲しみを感じたりするのか。つまりは、自分はどういう人間なのかを知ることにつながります。

自らの感情の動きを知り、内省を深めてそれをコントロールできるようになること。このようにして磨かれていくのが「感性」と呼ばれるものの核心ではないかと私は考えています。

「たしかに、たまには映画の世界観にどっぷり浸るのもわるくないかも。上映中はスマホの電源をオフにしようっと」

「いい心掛けですね。日常の疲れを癒してください」

「一生」を2時間に凝縮

映画の効用 2 他人の人生を擬似体験できる

「単に感情が強く動かされる経験なら、べつに映画を見なくても、お化け屋敷やジェットコースターでも恐怖や緊張を味わえるんじゃないかな」

たしかに、ジェットコースターに乗れば、一時的な恐怖を感じることはできるでしょう。しかし、そうした娯楽と映画の決定的な違いは、映画が「物語」を持っていることに求められます。

これは先ほど述べた映画の特性とも関係しています。

観客は一定の時間をかけて映画の登場人物たちに感情移入していき、彼らの人生を擬似的に生きながら感情の変化を味わえるのです。しかも私たちは、複数の映画を見ることでいくつもの人生を擬似的に生きることができます。

映画のこの特質については、大の映画通としても知られた時代小説家の池波正太郎も述べています。

> すぐれた映画とか、すぐれた文学とか、すぐれた芝居とかというのを観るのは、つまり自分が知らない人生というものをいくつも見るということだ。もっと違った、もっと多くのさまざまな人生を知りたい……そういう本能的な欲求が人間にはある。[1]

池波はここで文学や芝居にも言及していますが、同時に「やっぱり映画には映画ならではというところがある」とも言っています。

映画の特権として、「2時間かそこら」の「ごく短い時間で」、「まるで自分の隣の人がやっているように見せる」ことのできる点を挙げています。

先ほど私は「2時間」が比較的長時間であるという前提で話をしていました

池波正太郎 *Shotaro Ikenami (1923-1990)*

東京・浅草生まれ。長谷川伸の門下に入り、新国劇の脚本・演出を担当。1960（昭和35）年、「錯乱」で直木賞受賞。「鬼平犯科帳」「剣客商売」「仕掛人・藤枝梅安」の3大シリーズをはじめとする膨大な作品群が絶大な人気を博しました。オシャレな人のイメージが強く、食通でもあったことから「グルメ本」の数々も一見の価値ありです。

が、ここで池波が比較しているのは長編の文学作品です。

例として挙げられているドストエフスキーの『罪と罰』は、邦訳版が上中下の3冊で出ており、読み通すには数日を要します。それに対して、映画は同じ内容を脚本家が巧みに凝縮して2時間で楽しめるようにしてくれているというわけです。

また、文章から情景を想像するのが小説の醍醐味だとすれば、登場人物や街並みをすべて映像で見られるのが映画の特色です。

『罪と罰』は19世紀のサンクトペテルブルク（帝政ロシアの当時の首都）が舞台となっています。21世紀の日本に生きる私たちが、文章のみを手掛かりにして異国の過去の都市の情景を想像するのは困難ですが、すぐれた映画はきちんとした時代考証に基づいてそれを正確に再現してくれるのです。

他の人の人生を2時間ほどの短時間で擬似体験できること。これが「なぜ映画を見るのか？」という問いへの池波正太郎なりの回答です。

一作品あたりの上映時間が2時間程度なので、私たちは何本もの映画を見ることができます。それによって、いくつもの人生を体験することが可能になります。お化け屋敷やジェットコースターに他人の人生を求めることはまず不可能ですよね。

さらに、映画の真骨頂は、擬似体験した複数の人生を現実の自分の人生に持ち込むことができる点にあります。

映画ではしばしば危機的な状況や困難な状況が描かれます。そうした状況を打開するために登場人物たちが見せる知恵や勇気、決断力は、分野を超えて私たちに多くのことを教えてくれます。

切羽詰まった状況下では、冷静な主人公たちを際立たせるために、自己中心的な人物や愚かな行動に走る人物が描かれるものです。そうした振る舞いを反面教師とすることもできるでしょう。

たくさんの人生を知っている人は、それだけ他者への想像力を働かせることができ、広い視野から物事を眺められるようになるのです。

お金がなくても海外旅行に行ける

映画の効用 3 異文化に触れることができる

「他の人の人生を短時間で擬似体験すること」は、突き詰めて言えば「得」なのです。それでは、どのような得があるのか。池波は具体的な例をいくつも挙げています。

卑近なところでは、映画を見続けているとお洒落になると言います。

当然と言えば当然のことで、映画というのは一流の美術スタッフがその場面にもっとも適した小道具や衣装を用意して、登場人物や舞台を飾り付けるわけです。

そうして丹精込めて作り上げられた一流の仕事を意識的に見続けていて、美的感覚が磨かれない方がおかしいのです。

映画はあなたをこう変える

CAFE
・想像力が豊かになる
・観察力が高まる
・雰囲気のある大人になる
・ファッションセンスがよくなる

「そういうおまえ自身の美的感覚はどうなっているんだ」と問い詰められると返答に窮してしまいますが、ここはダンディズムの権化たる池波正太郎の言っていることだと思ってご容赦ください。

また、池波は、外国映画を見ることでそれぞれの国の国民性や文化、あるいは都市の構造に自ずと通じていくことができるとも言います。

池波の実体験として、曲がりなりにも40年間フランス映画を見続けていたおかげで、初めてパリを訪れた際にもまったくまごつくことなく、よさそうなお店や場所が感覚的にわかったという話を紹介しています。彼はフランス語がわからないにもかかわらずです。

海外旅行の際に、初めて訪れる場所でスムーズに行動できて、より深く現地を堪能できるとなれば、たしかにお得ですよね。

これは、単に観光目的で海外を訪れる場合に限りません。

グローバル化の進展著しい今日のビジネスシーンでは、日本国内だけでなく、海外の企業やクライアントと仕事をする機会も数多くあることでしょう。

そのときに、たとえ現地を訪れたことがなくても、映画を通してその国の文化や国民性がわかっていればどれだけ有利になるかしれません。

もちろん、映画はあくまでフィクションであり、映画を見ただけでその国のすべてがわかるわけではなく、そのような驕《おご》りは禁物です。ですが、肌感覚として現地の文化がわかっているというのは大きなアドバンテージになるのではないでしょうか。

くわえて、その国の映画を知っていることはそれ自体が「武器」になります。どの国にもかつて大ヒットした映画、国民の誰もが知っている有名な映画や俳優が存在するものです。そうした話題を提供することができれば、相手との心理的距離を一挙に詰めることができるでしょう。

日本にきた外国人がジブリ作品のことを嬉しそうに話してくれたら、聞いているこちらも嬉しくなるのと同じことです。*

＊㋑この種の経験は私自身にもあります。数年前にアメリカからの留学生を案内した際、その人が古いハリウッド映画のファンであることがわかったので、ヒッチコックや往年のハリウッド映画の話題で盛り上がり、すぐに打ち解けることができました。私の英語は大変拙いものですが、知識面で共通の土台があれば言語の壁を易々と越えることができるのです。こうした知識は、往々にして単に語学ができること以上の強みになります。

訪れる前に見たい海外のレジェンド映画

『カサブランカ』
（マイケル・カーティス監督、1942年）
アメリカ

『天井桟敷の人々』
（マルセル・カルネ監督、1945年）
フランス

『ベニスに死す』
ル(キノ・ヴィスコンティ監督、1971年）
イタリア

『嘆きの天使』
（ジョセフ・フォン・スタンバーグ監督、1930年）
ドイツ

『戦艦ポチョムキン』
（セルゲイ・エイゼンシュテイン監督、1925年）
ロシア

『第三の男』
（キャロル・リード監督、1949年）
イギリス

『ダンサー・イン・ザ・ダーク』
（ラース・フォン・トリアー監督、2000年）
デンマーク

『大地のうた』
サタジット・レイ監督、1955年
インド

『第七の封印』
（イングマール・ベルイマン監督、1957年）
スウェーデン

『灰とダイヤモンド』
（アンジェイ・ワイダ監督、1958年）
ポーランド

『ドラゴン危機一発』
（ロー・ウェイ監督、1971年）
香港

『霧の中の風景』
（テオ・アンゲロプロス監督、1988年）
ギリシア

『悲情城市』
（侯孝賢監督、1989年）
台湾

『さらば、わが愛／覇王別姫』
（チェン・カイコー監督、1993年）
中国

『桜桃の味』
（アッバス・キアロスタミ監督、1997年）
イラン

『嘆きのピエタ』
キム・ギドク監督、2012年
韓国

無知を知る

映画の効用 4 知識を身につけるきっかけになる

自らの知識を深めるきっかけとなる点も、池波が挙げている映画の効用のひとつです。

「映画が勉強になる？　そんなバカな。映画鑑賞は娯楽でしょう」

ウイルス感染の脅威、アポロ計画の実態、原発事故の現場、リーマン・ショックの背景など、映画は実に多彩な題材を取り上げます。

こうしたテーマを書籍や文献で学ぶのはもちろん重要なことですが、いきなり専門的な書籍に当たるのはハードルが高いですよね。

その点、映画は視覚的なイメージから入ることができます。

しかも多くの映画は一般的な観客の理解力をシビアに計算してわかりやすく作られていますので、無理なくその分野に馴染《なじ》むことができます。非常にコスト・パフォーマンスがよいのです。

そして、映画を見てその内容に興味を持った場合は、さらに独自に学びを深めていくきっかけになります。

何も映画を見るたびに毎回本屋に行って書籍を買い込んでくる必要はありません。インターネット上でアクセス可能な情報だけでもかなりのことが身につきます。

関連するWikipediaの項目に目を通すだけでも随分と違ってきます。このような学びを繰り返していくことで、さまざまな分野に関する幅広い知識を自然と身につけ、教養を深めていくことができるのです。

もちろん、学びといっても映画はあくまで娯楽のひとつです。その娯楽を通して楽しみながら見識を深めていける点に映画のお得さがあらわれています。

粋な人間になろう

映画の効用 5 人間としての魅力が増す

「う〜ん。映画を見て知識・教養を身につけたところで、それが直接仕事の役に立つとは思えないけど」

それは早計というものです。

身につけた個々の知識が役に立つか立たないかということは、長い目で見れば実は大した問題ではありません。間違っても、ウンチクを披露したり、知識量でマウントをとったりしないように気をつけてください（それらは深い教養と相反する行為です）。

映画を意識的に見続けるとどうなるのか。池波は、人間として「灰汁《あく》ぬけてくる」と言います（最近は、「垢抜ける」と表現することが多いかもしれませんね）。同じことを「粋な人間になって行く」「人間の『質』が違ってくる」とも表現しています。

コメンタリー

ベラルーシ映画旅行記

2019年に私がベラルーシを訪れた際には、映画を通して得た知識が大いに役立ちました。ベラルーシの首都ミンスクでは、毎年日本映画上映会が行なわれています。この年は小津安二郎の特集上映が企画されており、私はその解説役として招かれました（小津は私が専門にしている映画監督です）。

解説のための準備をしたのはもちろんですが、それとは別に、現地のイメージをつかむためにベラルーシ映画を何本か見てから出発しました。

ベラルーシはチェルノブイリ原子力発電所事故でもっとも大きな被害を受けた国の一つで、それにまつわるドキュメンタリー映画も作られています。原発事故で放射能の被害を受けたという経緯から、被爆国である日本への関心は高く、原爆を投下された長崎市との間ではじっさいに交流が持たれています。

また、ベラルーシは第二次世界大戦中に辛酸を嘗《な》めた国でもあります。ナチス・ドイツの侵攻を受け、ソ連軍によって解放されるまで実に3年にわたって支配下に置かれていました。

首都ミンスクではドイツ軍とソ連軍との間で壮絶な戦闘が行われています（ミンスクの戦い）。独ソ戦を題材にしたベラルーシ映画を見ることで、先の大戦に対するベラルーシ人の意識の高さを感覚的に捉えることができました。

特集上映の合間を縫ってミンスク市内にあるいくつかの美術館を案内してもらいましたが（ベラルーシは画家のシャガールの出身国です）、私からのリクエストで郊外にある戦争歴史博物館にも連れて行ってもらいました。

ここには大戦中に使用された戦車や銃器類をはじめ、独ソ戦にまつわる膨大な資料が展示されています。展示品のなかには旧日本軍の遺留品も多数ありました。

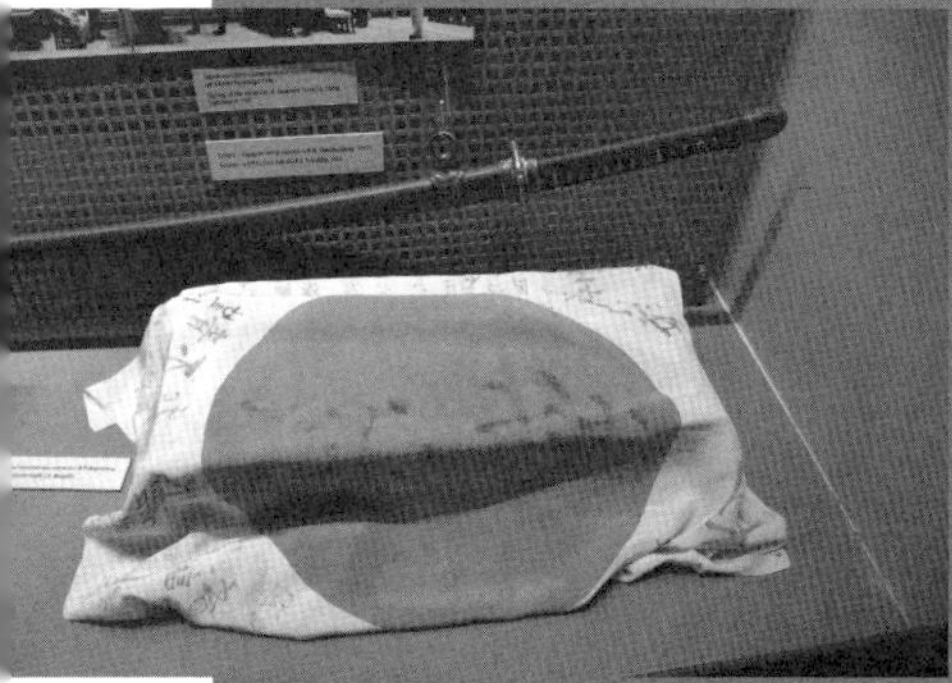

旧日本軍の遺留品

戦争歴史博物館

得意気に解説していますが、こうした知識はすべて現地訪問が決まったあとに仕入れたもので、それ以前は正直ベラルーシという国のことをほとんど何も知りませんでした。

映画によってイメージをつかんでから関連する文献に当たったため、そこで得られた知識に実感が伴ったという手応えがあります。単なる知識にとどまらず、具体的に使える形でインプットできたと言えばいいでしょうか。そのおかげで、特集上映のコーディネーターや、現地のガイド役の学生との会話に困ることはほとんどありませんでした。

「ベラルーシというまったくなじみのなかった国について私がいっぱしの知識を身につけることができたのも、やはり最初にいくつかの映画を見たおかげでした」

映画を見るメリットとして最初に「お洒落になる」ことを挙げましたが、それは池波の言葉を借りれば「着ているものがどうとかいうこと」ではないわけです。

ブランドものの高い衣服や小物を身につけているかどうかといったつまらない水準の話ではなく、それらが自分に似合っているかどうか、自分の雰囲気と美的に調和しているかどうかが自分自身で自然とわかるようになってくるということです。

こうしたことは、周囲の人間に必ず伝わるものです。

「あの人はどことなく洗練されていて感じがいい。身につけているものも似合っていて、清潔感がある」と思われれば、自然と発言にも重みが出て、耳を傾けてもらえるようになるでしょう。

ビジネスの現場のみならず、広く人間関係一般を考えたとき、その効力は計り知れないほどの「得」をもたらします。しかも、この得は、映画を楽しみながら手に入れることができるのです。

一言で言えば、映画を見続けていると、人間としての魅力が増すということです。

これは多額のお金を払ったり、一夜漬けで勉強したりしてどうこうできる類《たぐい》のものではありません。

また、ことさらに苦労や努力を必要とするわけではないものの、それでいて一朝一《いっちょういっ》夕《せき》には身につかないところに価値があるとも言えるでしょう。

継続しているうちに、いつの間にか身についているからこそ、周囲の人からある種の「余裕」を感じ取ってもらえるのです。池波も次のように述べています。

　何もそんな大変な目的を持って映画を観に行くことはない。娯楽でいいんだ。娯楽でありながら人生について教えられることがある。感覚的にも洗練されてくる。やっぱり映画をずっと観ている人と、そうでない人とでは、いつの間にか随分違いが出てくるものですね。[2]

映画好きの共通点

池波正太郎自身が「灰汁抜けた」人物であったのは言うまでもありませんが、映画好きの著名人は分野を問わず数多く存在しています。

たとえば教養人として知られる哲学者・武道家の内《うち》田《だ》樹《たつる》はたいへんな映画好きで、映画関係の著作も多数手がけています。あるいはメディア出演の多い社会学者の宮台真司もたいへんな映画通です。

アメリカのオバマ元大統領は毎年お気に入りの映画のリストを発表していますが、そのセンスのよさを賞賛されています。

多忙であるにもかかわらず、これだけ良質のリストを作れるということは、じっさいにはこの何倍もの作品を鑑賞しているはずです。2018年のリストには**『万引き家族』**（是枝裕和監督、2018年）も含まれていましたね。

独自の存在感を放っている俳優やタレントにも映画好きの方が多い印象です。筋金入りの「映画オタク」として認知されている前田敦子や橋本愛は、都内の名画座に通っている姿がたびたび目撃されています。加瀬亮や斎藤工も言わずと知れた映画通ですね。

「え、あっちゃん（前田敦子）も映画好きなんだ！　どんな作品を見ているのか気になるなあ」

例を挙げていくとキリがないですが、やはり映画好きとして知られる人たちは

内田樹『うほほいシネクラブ』（文春新書、2011年）
内田樹がさまざまな媒体に書いてきた映画評をまとめた本。取り上げられている映画は187本にのぼり、新書ながら400ページを超える大ボリューム。小津安二郎や黒澤明のような古典から、宮崎駿やクリント・イーストウッドの近作、はては『冬のソナタ』まで、論じられている作品はきわめて多岐に及んでいます。あなたの好きな映画についての記述もきっと見つかるでしょう。

確固とした自分の世界を持っているように思います。それが各分野で活躍する下地になっているのではないでしょうか。

あなたの周りにも、色気がある、なんだかかっこよく見える人がいると思います。そういう人はたくさん映画を見ているはずです。

その人に「どんな映画を見ているのか」をぜひ尋《たず》ねてみてください。憧《あこが》れの人に近づき、同じオーラをまとえるようになるかもしれません。

第1講では、映画を見るべき理由、映画を見ることで得られるさまざまなメリットについて考えてみました。リュウくんのように、少しでも自分と関係があるものとして映画をとらえることができれば、鑑賞意欲が湧いてくるでしょう。

どんなに些細なものであれ、映画を見るきっかけは大事にしてください。そこから思わぬ良作にめぐり合うことはよくあります。

あなたの感性を刺激する オシャレな映画12選

『浪華悲歌』
（溝口健二監督、
1936年）

『ギルダ』
（チャールズ・ヴィダー監督、
1946年）

『ローラ』
（ジャック・ドゥミ監督、
1961年）

『去年マリエンバートで』
（アラン・レネ監督、
1961年）

『西陣』
（松本俊夫監督、
1961年）

『ひなぎく』
（ヴェラ・ヒティロヴァ監督、
1966年）

『エル・トポ』
（アレハンドロ・ホドロフスキー監督、
1970年）

『ツィゴイネルワイゼン』
（鈴木清順監督、
1980年）

『セラフィータの日記』
（フレデリック・ワイズマン監督、
1982年）

『恐怖分子』
（エドワード・ヤン監督、
1986年）

『汚れた血』
（レオス・カラックス監督、
1986年）

『百年恋歌』
（侯孝賢監督、
2005年）

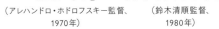

Homework

1
どんなきっかけでもOK!
何でもいいから、まずは映画を一本見よう!

2
自分の両親や会社の先輩など、
憧れの人におすすめの映画をたずねよう!

3
60ページを参考に、
さまざまな国の映画作品に触れよう!

第 2 講

Chapter 2

映画史を知れば
ビジネスの基本がわかる
——イノベーションと産業の歴史

世界史や日本史に負けない魅力

第1講では、映画を見ることで得られるメリットを考えてきました。
どんなことを学んだか、復習してみましょう。

「映画を通して本物の美に触れ続けることでお洒落になる。外国映画を見ることで日本にいながらにして異国の文化に親しむことができる。さらには楽しみながら知識が身につき、教養が深まります」

「さまざまな映画の登場人物の人生を疑似体験することで考え方の幅も広がります。その結果として、『人間としての魅力が増す』というのは目からウロコでした」

このように、映画を見ることはきわめて「お得」な体験ですが、そのお得さをさらに引き出す有力な方法がいくつかあります。

「映画の歴史を知っておくこと」はそのうちの一つです。

歴史と聞くと、学生時代に何の役に立つかもわからない固有名詞や年号をひたすら暗記させられ、苦しめられた記憶が蘇るという人もいるかもしれません。ですが、そもそも歴史はおもしろく、楽しいものなのです。

驚くべき事件や、一癖も二癖もある偉人たちには、人々を惹きつけてやまない魅力があります。じっさい、織田信長や坂本龍馬、新撰組の国民的人気はみなさんもご存知の通りですし、そうした歴史的事件や人物を題材とした膨大な数のドラマや映画が飽くことなく作られつづけ、多くの観客を楽しませています。

言うまでもないことですが、私たちがこれから映画の歴史を学ぶのは、テストでよい点を取るためではありません。映画史に触れることで知性と感性を刺激し、日々の映画鑑賞をより豊かなものにするためです。

映画の歴史を知ることで個々の映画作品の見方が変わってくるのはもちろん、「映画」そのものの捉え方もより深まります。

＊映画を見る? 観る? 「みる」には「見る／観る／視る／診る／看る」など多くの漢字が当てられます。映画の場合は「見る」か「観る」が使われることが多いでしょう。インターネット上にはその違いについて解説したページが無数に存在しますが、その見解を総合すると、目でみること一般を表現する場合に広く使われるのが「見る」で、集中して意識的に何かをみる場合に使われるのが「観る」とされています。ただし、常用漢字表では「観」の字には「カン」という音読みしか掲げられておらず、日常的な場面（メディア報道を含む）では「見る」を使用するのが一般的です。映画批評や論文でもほとんどの場合「見る」が採用されていますし、私も「見る」を使っています。

ビジネスとは切り離せない「知識」

これから映画史を学ぶにあたって、もう一つ大事な視点をくわえましょう。

私たちは「映画」と聞けば、それがどのようなものであるか容易にイメージすることができますよね。

「映画館で見る2時間くらいの映像でしょ」

「何らかの物語が語られることが多いけど、ドキュメンタリー映画もあるよね」

「あ、でもテレビ放送されることもあるし、DVDや動画配信サービスで見ることもあるから映画館で見るものとは限らないかな。それでも映画館で見るのが一般的な気はする」

「少なくとも、同じ映像でもYouTuberの動画と映画の区別は自然とつけられるよね」

いいですね。ですが、こうしたイメージは最初から存在していたものではなく、歴史的に形成されてきたものなのです。

特に、映画と映画館が強く結びついていると考える人は多いと思いますが、これにも歴史的な経緯があります。映画をどこで上映するか、どのように鑑賞するかは時代ごとに変化し続け、その積み重ねの先に現在のような鑑賞スタイルがあらわれたのです。

現実の歴史と、ありえたかもしれない別の歴史の可能性を知ることで、みなさんが持っているイメージそのものが変わるかもしれません。

くわえて、ビジネスパーソンが映画史を学んでおくべき重要な理由もあります。なぜなら映画の歴史とは、映画をめぐるビジネスの歴史そのものにほかならないからです。

映画は曲がりなりにも現在まで命脈を保っている一大産業です。その試行錯誤の過程のなかには、みなさんの仕事に実践的な気づきを与えてくれる要素が必ず潜んでいることでしょう。

歴史に抵抗のある方も心配には及びません。

映画の歴史には、世界史や日本史に負けない魅力的な人物がたくさん登場しますし、思わず人に話したくなるような驚くべきエピソードにも事欠きません。

にもかかわらず、残念ながら映画の歴史はそれほど広く知られているとは言えません。

織田信長が出てこない日本史の教科書は存在しませんが、映画の歴史を詳しく扱った教科書もまた、小中高の教育課程には存在しません。

ですが、それは大きなチャンスでもあります。

映画の歴史は、少し親しんでおくだけで他の人と圧倒的な差をつけられる領域だからです。

とりわけ、ビジネスに関わる人であれば、映画産業の先人たちが編み出したコンテンツの効率的な届け方、確実に収益を上げるためのマネタイズ・モデルなどは大いに参考になることでしょう。映画の起源と発展の過程は、ビジネスのヒントがたくさん眠っている宝の山なのです。

映画の本質に迫るために、まずはその起源に遡《さかのぼ》ってみましょう。

映画は「若い」？

突然ですが、映画がいつ生まれたか知っていますか？

「うーん、産業革命があった19世紀くらい？」

いい線ですね。一般に、映画が誕生したのは１８９５年であると考えられています。
もっと具体的にいえば、１８９５年の12月28日のことです。
ですが、よくよく考えてみればこれは不思議なことだと思いませんか？

「まるで子どもが生まれたときのように、映画の誕生日を特定できるのですか？
ありえない」

ごもっとも。リュウ君が指摘するように、ある娯楽・芸術ジャンルが誕生した瞬間を名指すことなど普通はできないものです。

絵画や文学、演劇といった主要な娯楽・芸術ジャンルの場合、その起源を特定することは不可能です。それなのに、なぜ映画は誕生の瞬間を決定することができるのでしょうか。

「映画が比較的若い芸術だから」というのは理由の一つと言えるでしょう。

１８９５年といえば、いまから１２０年と少し前のことです。人間の一生を思えば決して短くはない時間ですが、人類の歴史からすればほんの一瞬のことです。

絵画に目を向ければ、フランスのラスコー洞窟壁画は約２万年前に描かれたと考えられていますし、文学にしても、もっとも古い物語の一つである『ギルガメシュ叙事詩』*の成立が４０００年前と推定されています。これらに比べて、映画ははるかに「若い」のです。

普通教育の場で映画の歴史がほとんど取り上げられないのは、この若さゆえである

＊**『ギルガメシュ叙事詩』**　シュメール人の英雄叙事詩でメソポタミア文明の代表的文学。『旧約聖書』に先立つ「大洪水」が見られ、世界最古の物語とされている。キリスト教世界にも影響を与えた。

絵画や文学に比べて、映画は歴史が浅い

とも考えられます。

絵画や文学の歴史は、ほぼ人類の歴史と重なり合っています。ですので、それらが人類にとって重要であることについては、社会的なコンセンサスがとれています。

一方、映画は所詮、新興の娯楽に過ぎないという見方が大勢を占めているでしょう。小学校や中学校でわざわざ教えるようなものではないと考える人が多数派を形成しているということです。

じっさい、私が母方の祖母に大学院で映画の研究をしていると伝えた際には、「大学院にまで行って遊んでいるのか」と呆《あき》れられたものです。

技術に支えられた芸術

さて、映画はまた技術的な発明に支えられてはじめて成立するやや特殊な娯楽・芸術です。

この特殊性が起源の特定を可能にする二つ目の理由です。

映画は撮影と上映を可能にする装置の発明があって初めて成立しますが、具体的な機器の発明がいつのことであったかは、かなりの程度まで正確に辿ることができます。

とはいえ、装置の発明は映画の誕生とイコールではありません。

ある技術的発明に基づく表現が芸術と見なされるようになるには、やはりそれなりの文脈が必要になります。じっさい、「映画の誕生」という表現には、撮影装置や上映装置が発明されたこと以上の意味が含まれています。

たんに映像を撮影・上映するための光学装置が発明されただけでなく、その映像をどのように消費するか（上映文化）まで含めて、現代の私たちがイメージする「映画」の基本形が成立したのが、「1895年12月28日」なのです。

それでは、その日にいったい何があったのでしょうか。

当時の様子を見てみましょう。

初めてのスクリーン上映

1895年 12月28日、フランスはパリのグラン・カフェで、ルイとオーギュストのリュミエール兄弟が「シネマトグラフ」による有料の上映会を開催しました。映画のことを「シネマ」と呼ぶのは、この装置の名前に由来します。

　ここでポイントとなるのは、**シネマトグラフがスクリーン投影式の装置であったことと、その上映会が有料で催されたこと**です。

　お金を払って入場し、スクリーンに映し出された同一の映像を不特定多数の観客とともに鑑賞する。これが、「映画館で映画を見る」という現在広く一般に浸透している習慣の原型に当たるわけです。

ちなみに このときの上映会では、10本の短編映画が上映されたと伝えられています。最初の上映作品は**『工場の出口』**というものでした。この50秒の映像が商業的に公開された世界初の実写映画です。

　リュミエール工場の前に置かれたカメラが、仕事を終えて工場から出てくる人々の姿を捉えています。この映画には3つのバージョンが残っています。勤務を終えたあととは思えないほど着飾った人々が登場し、自転車や馬車、犬など共通して写っている被写体が存在することから、すでに「演出」が施されていたことがうかがえます。

兄：
オーギュスト・リュミエール
Auguste Lumière (1862-1954)

弟：
ルイ・リュミエール
Louis Lumière (1864-1948)

「映画の父」とも称せられる発明家・リュミエール兄弟は、1905年までに1422本の映画を製作します。このうちの108本を解説付きで収録した**『リュミエール!』**（ティエリー・フレモー監督、2016年）という映画がありますので、最初期の映像に興味のある方はぜひご覧になってみてください。

トーマス・エジソン
Thomas Alva Edison (1847-1931)

蓄音器や白熱電球をはじめ、生涯におよそ1,300もの発明と技術革新を生み出しました。リュミエール兄弟より先に、「キネトスコープ」という映像鑑賞装置を発明していたのですが……。

エジソンvs.リュミエール兄弟

映像を撮影し、それを上映する装置自体は実はシネマトグラフより前に実用化されています。

あのトーマス・エジソン率いるエジソン社は、１８９１年の段階で「キネトスコープ」という映像の鑑賞装置を発明していました（これに先立ってキネトグラフという撮影機も発明しています）。

「エジソンって白熱電球や蓄音機を開発した発明家のこと？」

そうです。そのエジソンは、１８９４年にはニューヨークで一般向けの興行を行なっており、その後、キネトスコープは世界的にヒットします。

キネトスコープの成功はリュミエール兄弟がシネマトグラフの開発に向かうきっかけになったとも言われています。

「それなら、なぜエジソンのキネトスコープよりもあとに発明されたシネマトグラフが映画の起源とされているのかしら？」

その理由は、上映方法の違いにあります。

先ほど述べたように、リュミエール兄弟のシネマトグラフが映像をスクリーンに投影する方式だったのに対し、エジソンのキネトスコープは覗き穴式で、一人で鑑賞するものでした。

スクリーン投影式のシネマトグラフが人気を博したことで、その後の映画の上映形態が決定付けられたわけです。シネマトグラフの好評を受けてキネトスコープに見切りをつけたエジソンは、やがてスクリーン映写式のヴァイタスコープの開発に向かいます。

こうしたことから、現在では映画の起源をリュミエール兄弟のシネマトグラフに求める見方が主流となっているのです。

もちろん、映画の歴史を考えるにあたってはいずれも重要であることに違いなく、エジソンのキネトスコープを推す意見も根強く存在しています。というより、現在の映画をめぐる環境は、むしろキネトスコープを映画と見なす考え方を後押ししています。
この点についてはのちほど説明します。

日本映画の起源は「関西」にあり

ここで、日本に映画がもたらされたときの状況も見ておきましょう。

実は、リュミエール史観（映画の起源をシネマトグラフに求める立場）とエジソン史観（キネトスコープに求める立場）のどちらをとるか、あるいは試写実験を含むのか、興行が行なわれた事実を重視するのかなどによって、日本における映画の起源も変わってきます。

キネトスコープが日本で初めて公開されたのは1896年11月のことで、場所は神戸の神港倶楽部でした。翌97年1月に、オーギュスト・リュミエール（リュミエール兄）と親交のあった実業家の稲畑勝太郎がフランスからシネマトグラフを持ち帰ります。

稲畑は、同年1月下旬から2月上旬にかけて京都で試写実験を行ない、2月15日から大阪の南地演舞場（現在のＴＯＨＯシネマズなんば）で有料公開を始めました（この直後にエジソンのヴァイタスコープも大阪で公開されています）。

じっさい、この3都市にはそれぞれ日本における映画の発祥を記念した碑（看板）が存在します。キネトスコープが初めて公開された神戸には、「外国映画上陸第一歩」の文字が刻まれたメリケンシアターの碑があります。

一方、稲畑がシネマトグラフの試写実験を行なった京都には「日本映画発祥の地」の看板があり、初めて興行を行なった大阪には東宝の創始者である小林一三によって「映画興行発祥の地」の碑が建てられています。

「あ〜紛《まぎ》らわしい。結局、どこが日本の映画発祥の地なのさ」

〝正統な〟映画発祥の地を、3都市のうちのいずれかに特定する必要はありません。重要なのは、関西で日本における映画の始まりと呼べるような動きが同時多発的に起こったことと、その歴史を引き受ける姿勢が継承されていることでしょう。

シネマトグラフの試写実験が行なわれた京都電燈株式会社の庭は、その後、立誠小

小林一三 *Ichizo Kobayashi (1873-1957)*

阪急電鉄をはじめとする阪急東宝グループ（現・阪急阪神東宝グループ）の創業者。鉄道を中心とした都市開発（不動産事業）、流通事業（百貨店、スーパーなど）、観光事業などを一体的に進め相乗効果を上げる私鉄経営モデルの原型を作り上げた。後に全国の大手私鉄や民営化したJRがこの小林一三モデルを採用し、日本の鉄道会社の経営手法に大きな影響を与えた。

学校の敷地となります。立誠小学校が廃校になったのちも校舎の一部が残され、その教室はほんの数年前（２０１７年）まで立誠シネマというミニシアターとして活用されていました。

２０１３年に大学院進学のため京都に引っ越してきた私は、ちょうど同じ年にオープンした立誠シネマに足繁く通いました。そこで鑑賞した数々の映画作品はもちろん、教室に並べられた座椅子で映画を鑑賞した経験自体がいまとなっては貴重な思い出です。

立誠シネマが営業を終了したのちもそのプロジェクトの精神は受け継がれ、京阪電車で2駅の距離にある出町柳に新たな映画館がつくられます。

出町座と名付けられたその映画館が再スタートを切ったのは、２０１７年12月28日のことです。

なぜ年の瀬のそんな中途半端な時期にオープンしたのかは、本書をここまで読んできたみなさんには説明するまでもないことでしょう。歴史を知っていると、現実の見え方がほんのちょっとだけ変わるのです。

「日本映画発祥の地」の看板(京都市)

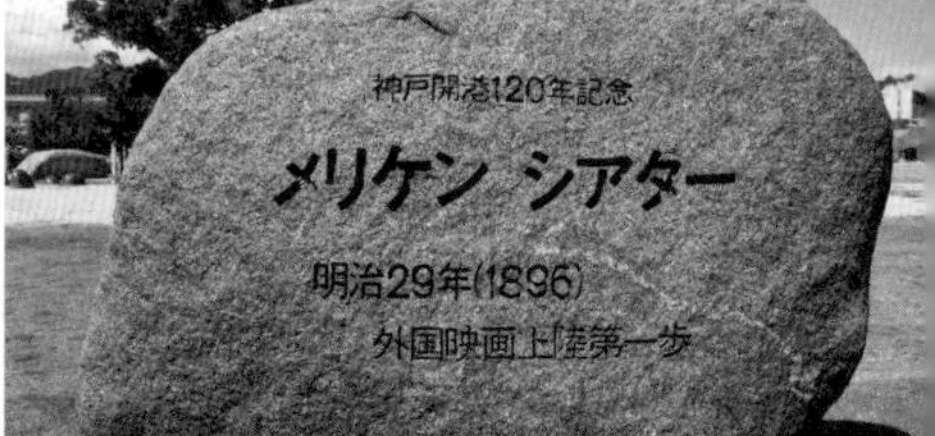

メリケンシアターの碑（神戸市）

コメンタリー

なぜ映画の日は「1日」なのか

ちなみに、**日本では12月1日を「映画の日」**としています。これはキネトスコープが神戸で初めて上映された時期に由来します。

この日はほとんどの映画館で鑑賞料金を1000円に設定していますね。毎月1日のサービスデイはこれが派生したものです。

しかし先ほど述べたように、現在の映画文化の起源にあるのはキネトスコープではなく、シネマトグラフです。

個人視聴の走りともいうべきキネトスコープの上映記念日が、スクリーン文化の正当後継者である映画館の鑑賞料金を下げているという事実は、歴史の皮肉として興味深いものがあります。

時代に追いついた「エジソン史観」

「なんだ。エジソンのキネトスコープは画期的な発明品なんかじゃなくて、駄作だったわけだ」

そんなことはありません。ソフトや配信サービスの充実によって映画の個人視聴が容易になったことで、現代人はようやくキネトスコープの発想に追いついたとも言えるでしょう。

シネマトグラフに映画の本流の座を譲り渡したキネトスコープの形態は、時代遅れになったのではなく、むしろ時代を先取りしすぎていたわけです。

その意味で、「映画はＤＶＤで見れば十分」派と「映画は映画館で見るもの」派の対立は、たんに趣味の違いというだけにとどまらず、エジソン史観とリュミエール史観という二つの歴史的パースペクティヴの違いを反映しているのです。

日本に映画発祥の地が複数存在していること自体、「映画とは何か？」という問いの持つ豊かさをあらわしているように思います。

私たちは何をもって映画を映画と見なしているのか、映画を映画たらしめている条件とは何か。どの要素を重視するかによって、映画の起源も変わってきます。

歴史とはたんなる事実の羅列ではなく、私たちの認識を映し出す鏡でもあります。映画をめぐる最初期の歴史は、現代を生きる私たちに「映画とは何か？」をあらためて考えるきっかけを与えてくれるのです。

ハリウッド誕生の背景

さて、日本の初期映画事情に寄り道してしまいましたが、本場アメリカの初期映画史も見ておきましょう。

スクリーン投影式の映画の発明こそフランスに譲った格好ですが、その後、映画産業の王として君臨したのがハリウッドを擁《よう》するアメリカであることに異論のある人はいないでしょう。

そのハリウッド誕生の背景には、またしてもエジソンの存在が絡んできます。

映画の誕生を考えるうえで「興行」の側面が重要であることは先に述べた通りです。当たり前のことですが、映画を撮るにはお金がかかります。撮影した映像を発明家たちが実験室で見ているだけではビジネスとして成立しません。観客から料金を徴収し、安定して利益を得る仕組みを作ることで、初めて産業として自立できるのです。

これまた当たり前のことですが、映画が誕生する以前には映画館は存在しませんでした。コンテンツが存在しなければ、コンサートホールやスタジアムが建設されることもありませんよね。

それでは、撮影された映画は当時どこで上映されていたのでしょうか。

最初期の映画は遊園地や地方巡業の見世物の一つとして上映されていましたが、その後の映画館文化への接続という点で重要なのは、ヴォードヴィル劇場と呼ばれる見世物小屋です。

ヴォードヴィルは17世紀末にパリの大市に出現した演劇形式です。アメリカのヴォードヴィル劇場では、歌や踊り、手品やコントといった雑多なショーが上演されていました。ここに映画の上映がくわえられ、人気を得るようになります。

映画の人気は、ヴォードヴィル劇場で従来行なわれていた各種パフォーマンスを凌《しの》ぐようになり、やがて映画の上映のみでプログラムを組む劇場があらわれます。こうして、1905年ごろに映画の常設館が生まれたのです。

アメリカに登場した初期の常設映画館は、入場料の5セント硬貨がニッケルであったことにちなみ、ニッケルオデオン*と呼ばれます。入場料金の安さからもわかるように、ニッケルオデオンは庶民のための娯楽場でした。

一方、エジソンは映画がビジネスとして有望であることに気づき、中産階級向けの劇場を作ることを考えます。

また、映画から得られる利益を独占しようと目論んだエジソンは、映画会社に対して特許をめぐる裁判を連発しました。

1908年には、相次ぐ裁判で消耗した大手映画会社を抱き込み、モーション・ピクチャー・パテント・カンパニー（MPPC）という映画（カメラ）の特許を管理するトラストを結成します。

ニッケルオデオンの成功によって財を成していた経営者たちは、このエジソンの強権的な支配に反発します。

＊ニッケルオデオン　最初の常設映画館。ハリー・デイヴィスとジョン・P・ハリスが1905年にピッツバーグで開いたものが起源とされています。「オデオン」はギリシア語で「劇場」を意味します。この形態の映画館は爆発的な勢いで増えていき、1910年までに全米で1万館以上のニッケルオデオンが営業するようになっていました。小規模経営のニッケルオデオンは1910年台半ばには廃れ始め、より豪華で巨大な映画館（ピクチュア・パレス）に取って代わられることになります。

高額な特許料の支払いから逃れるために、彼らが築いた新天地こそがハリウッドでした。

ニューヨークから遠く離れ、いざとなれば国境を越えてメキシコに避難することもできたこの土地は、くわえて気候にも恵まれており、映画撮影のための絶好の条件を備えていたのです。

アメリカ映画といえば真っ先に西部劇を連想する方も多いでしょうが、最初期につくられた西部劇はじっさいの撮影をアメリカ東部で行なっていました。

ロサンゼルスに拠点を移したことで、本物の西部の景観を思う存分撮影することができるようになり、数々の名作が生み出されることになったのです。

ユダヤ系経営者に支えられたビジネス・モデル

1915年にエジソンのトラストがシャーマン反トラスト法違反の判決を受けて解体を命じられると、トラストにくわわっていた会社も映画製作の拠点をハリウッドに移し始めます。

初期のハリウッドを支えたのは、ユダヤ系の経営者たちでした。

彼らによって1910～20年代にかけて設立された会社が、のちにハリウッドを支配する大会社へと成長していきます。パラマウント、20世紀フォックス、ワーナー・ブラザーズ、RKO、メトロ・ゴールドウィン・メイヤー（MGM）といったメジャー映画会社は、いずれもこの時期に設立されました（前身となった会社を含みます）。

現在の映画産業は主として「製作」「配給」「興行」の三つのセクションに分かれていますがこの頃までには、その原型が形作られていました。

「製作」は映画を作ること全般を指し、「興行」は完成した映画を劇場公開して入場料を得ることを指します。この二つはみなさんも何となく理解されていると思います。

なかなか報われないエジソン君

それに対して「配給」の役割は少しわかりづらいかもしれません。

「配給」は「製作」と「興行」を橋渡しするセクションで、完成した映画を映画館で上映することに関わる種々さまざまな業務を行なっています。

業務内容には、映画を公開するタイミングを調整し、どの映画館でどの作品を公開するかを決定して、上映プリントの確保と手配を行なうことなどが含まれます。


映画がビジネスとして発展するうえで、この「配給」部門は決定的な役割を果たしました。

映画の製作会社とそれを上映する興行会社（映画館）は基本的に別々に経営を行なっていたため、製作者側は映画を買ってくれる興行主を、興行主側は映画を売ってくれる製作者を、それぞれ自力で探さなければなりませんでした。これには大変なコストがかかります。

そこで両者を仲介する役割に目をつけた人々は、製作者と興行主との間で配給契約を結ぶというビジネス・モデルを思いつき、配給業（エクスチェンジ業）を展開し始めます。


映画を売りたい側と、それを買いたい側のマッチングを試みたわけです。

製作・配給・興行の関係

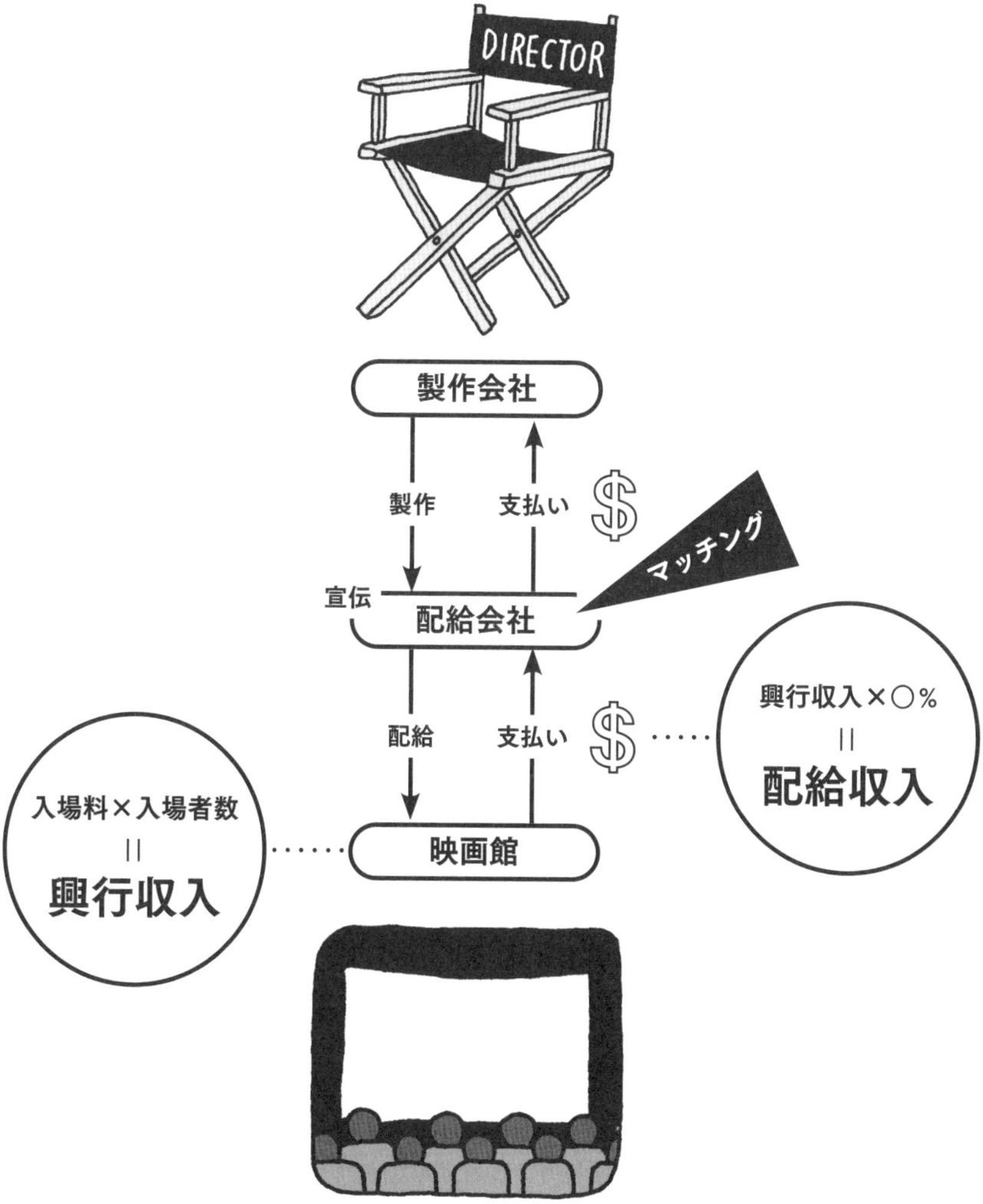
DIRECTOR
製作会社
製作
支払い
$
マッチング
宣伝
配給会社
配給
支払い
$
興行収入×○%
||
配給収入
入場料×入場者数
||
興行収入
映画館

これによって、製作者側は映画を作れば確実に売れるという見通しが立つようになり、興行主側は長期にわたって安定的に上映作品の供給を受けられるようになりました。

市場の寡占化が訴訟問題に発展

「『配給』は広告業界でいう広告代理店の立ち位置に近いかも。作品数が多いとそれだけ『配給』の役割も重要になっていくわ」

1920年代に入ると、このモデルはさらに推し進められます。

映画製作会社は積極的に劇場を買収して自ら劇場経営に乗り出し、そこに自社で作った映画を配給するようになります。

先ほど名前を挙げたパラマウント、20世紀フォックス、ワーナー・ブラザーズ、RKO、メトロ・ゴールドウィン・メイヤー（MGM）の5社は、このようにして映画の製作―配給―興行を一手に握った大会社です。この5つの会社は「ビッグ5」*と呼ばれま

＊**ビッグ5**　これに対してユニバーサル、ユナイテッド・アーティスツ、コロンビアの3社は、直営の映画館を持たなかったために「リトル3」と呼ばれます。

した。

自社で作った映画を自社で配給し、系列傘下の劇場で公開するというこの仕組みは、映画から持続的に収益を得るための強力なモデルとして、その後のハリウッド映画産業の成功と発展を決定づけました。

この仕組みのことを「垂直統合」、あるいは「縦の系列化」と言います。メーカーにたとえると、生産—卸売—販売のすべての業務を自社のなかで完結させることができていたわけですね。

作った映画は必ず上映される保証があり、劇場側も上映プログラムの心配をする必要がありません。また、配給部門も効果的な宣伝を行なうことができます。

こうして、映画の大量生産・大量消費を可能にする構造ができあがったのです。

このようにしてできあがった体制のことを「スタジオ・システム」と呼びます。

この仕組みを採用することができた5つの大手映画会社はきわめて高い競争力を発揮し、市場を独占的に支配しました。

映画市場の寡占化を問題視したアメリカの司法省は、1938年に「ビッグ5」を独占禁止法で提訴します。

筆頭会社の名前をとって「パラマウント訴訟」と呼ばれるこの裁判は、10年後の

１９４８年に独占禁止法違反の判決が下されて決着します。

この判決に同意した各映画会社は、自社が抱えていた映画館を手放さざるを得なくなりました。

これによって「垂直統合」に支えられていた「スタジオ・システム」は崩壊し、テレビの台頭ともあいまって、繁栄をきわめたハリウッドは落日へと向かっていくのです。

「市場を寡占する産業が目の敵《かたき》にされるのは、どの時代も変わらないな」

「見せる」映画から「物語を語る」映画へ

ここまで産業構造的な側面からハリウッドの歴史を辿ってきましたが、最後に映画内容の変化に即して見てみましょう。

「激動のさなかにあって、その影響が映画作品にも反映されていそうだわ」

初期の映画は異国の物珍しい風景や各種のパフォーマンス、好奇心を煽《あお》るような衝撃的な出来事など、それ自体が魅力を持つ対象を「見せる」ことに重点を置いていました。

映画研究者のトム・ガニングは、１９０６年ごろまでに製作された初期映画の特徴を「ショックや驚きのような直接的な刺激を強調」している点に求め、それらの映画を「アトラクションの映画」と名付けました。

ガニングによれば、「アトラクションの映画は観客の注意をじかに引きつけ、視覚的好奇心を刺激し、興奮をもたらすスペクタクルによって快楽を与える」[1]ものだったのです。今日のTikTokで見られるような映像をイメージすればわかりやすいかもしれませんね。

「見せる」ことを重視していた映画は、やがて「物語を語る」ことへとシフトしていきます。

この時期に活躍した映画監督にD・W・グリフィス（１８７５-１９４８）という人がいます。１９０８年に監督デビューを果たしたグリフィスは、物語を効果的に語るための各種技法を洗練させ、映画を芸術の域に高めたと見なされています。

D.W.グリフィス *David Wark Griffith (1875-1948)*

代表作の『國民の創生』（1915年）や『イントレランス』（1916年）のタイトルとともに、ぜひ名前を覚えておいてほしい重要な監督の一人。

物語映画の様式は、1910年代終盤までにほぼ確立していたと考えられています。今日の映画にまでつながる基礎的な技法は、すでにこの時代に編み出されていたということです。

映画研究者のデイヴィッド・ボードウェルは、1917年から60年までにハリウッドで製作された映画に特定のスタイルがあることを明らかにし、この時代の映画を「古典的ハリウッド映画」と呼びました。

「古典的ハリウッド映画」は、今日の映画研究においてもっとも重要な概念の一つです。

どこからどこまでを古典的ハリウッド映画の時期に含めるかは研究者によって多少見解が異なりますが、広くとれば1910年代から1960年代、トーキー化を一つの目安としてより狭く捉える場合は1930年から60年代とするのが一般的でしょう。

効率的な語りとは

古典的ハリウッド映画の最大の特徴は、何よりもまず「物語を優先する」点にあります。

各種の技法は、効率的な語り（語りの経済性）を実現させるために動員されています。これによって観客を映画のなかに引き込み、我を忘れて物語に熱中する「夢の時間」を作り出すのです。

登場人物の動機や物語の因果律（原因と結果）を明白に示し、ハッピー・エンドで締めくくること（あるいはあいまいさの残らない完結したエンディングにすること）も特徴の一つです。

「待ってください。いったい、語りの経済性って何ですか？　映画と経済がなんで関係するんですか？」

語りの経済性という場合の「経済（エコノミー）」は「効率」の意味で用いられています。そして、最小限のショットで効率的に映画を語ることは、現実的な経済（エコノミー）、すなわち予算の問題とも関わってきます。

このような方針は、できるだけ製作費を抑えつつ、最大限の利益を引き出したい映画会社の思惑とも見事に合致しているのです。

プロデューサー主導のもと、映画製作の各プロセスは徹底的に分業化され、スターやジャンルを最大限に活用した画一的な映画が量産されました。

スタジオ・システム下における映画の大量生産の仕組みは、しばしばT型フォードの流れ作業（ライン生産方式）になぞらえられます。

映画の文脈に経済性を求めるのは違和感があるかもしれませんが、観客は、経済的な語りのおかげで映画を楽しく見ることができるのです。

古典的ハリウッド映画の戦略

さて、観客を映画の物語に没入させるために「古典的ハリウッド映画」が採用した重要な戦略に「コンティニュイティ編集」というものがあります。

「インヴィジブル編集」と呼ばれることもありますが、文字通り、編集していることを観客に気づかせないための技術です。編集の痕跡が目についてしまうと、観客はそのたびに映画が作りものであることを思い出して白けてしまいますからね。

観客には、映画の世界を現実と錯覚してもらわなければなりません。

そのための具体的な技法としては、アイライン・マッチ（視線の一致）、ショット＝切り返しショット、カッティング・オン・アクション（アクションつなぎ）などが挙げられます。

アイライン・マッチとは、最初のショットで画面の外に視線を向けている人物を写し、次のショットでその人物が見ているであろう対象（モノ、人物）を提示する技法です。また、カメラが捉えた映像が登場人物の視界と一致するようなショットは、主観ショット（ＰＯＶショット）と呼ばれます。

切り返しは複数の人物が会話をしているシーンによく用いられます。会話をしている人物を交互に撮影することで、観客の感情移入を促すための技法です。

一般的な切り返しは「１８０度システム」というルールにしたがって編集されます。たとえば、会話をしている二人の人物をショット＝切り返しショットで提示する場合、二人の人物の間に想像上の線（イマジナリー・ライン）があると考え、カメラがその線を越えないように撮影します。こうすることによって、二人の視線が一致しているような印象を与えることができるのです。

ちなみに、日本の映画監督・小津安二郎は一般的な１８０度システムを無視した独

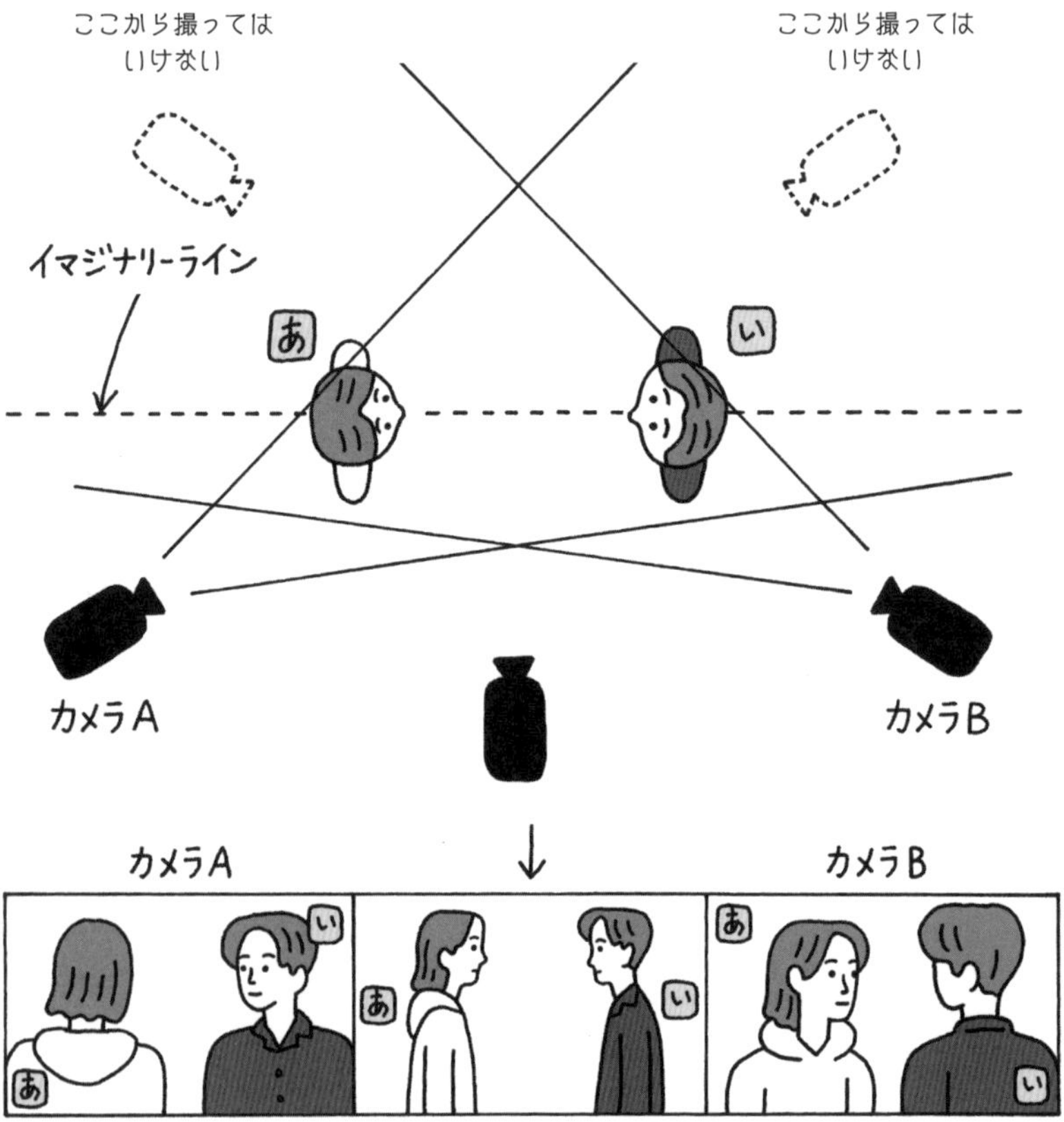

イマジナリー・ラインを超えてはいけない「180度システム」

自の切り返しを行なっていますが、これが小津映画特有の心地よいリズムを生み出す源になっています。

カッティング・オン・アクション（アクションつなぎ）は、アクションの途中でカットし、次のショットで前のショットのアクションの続きを見せる技法です。観客はアクション（動き）に注目して映画を見ているので、そうされると編集に気づかないのです。人物が立ち上がったり座ったり、あるいは手を伸ばしたりといったシンプルな動作に合わせて編集してもいいし、派手な格闘シーンの途中で行なっても効果的です。

こうした技法の使用にくわえ、スタジオ・システム下の分業化・画一化された映画製作のあり方や、プロダクション・コード（映画製作倫理規定、ハリウッドの自主検閲の規則）の遵守、映画会社が専属するスターの人気や知名度に依拠して映画を製作する「スター・システム」やジャンルの活用などが一体となって、「古典的ハリウッド映画」と呼ばれるスタイルを作り出しているのです。

「映画のビジネスモデルが一気にアップデートされた感じ！」

「ここで紹介された技法は、言われてみればどれも最近の映画に用いられているものばかりですね」

二人の言うとおりです。高度に洗練された古典的ハリウッド映画の様式は、その後の映画製作の規範となりました。その意味で、現在世界中で作られているすべての映画は、大なり小なり古典的ハリウッド映画の遺産を受け継いでいるのです。

歴史を学んだら「地図」を描く

第2講では映画の誕生から、アメリカと日本の初期の映画史を紹介してきました。

歴史を知ることで映画とは何であるのかを再考し、映画を取り巻く仕組み（産業構造）や上映環境、あるいは観客が慣習として身につけている態度まで自覚的に問い直せるようになります。

映画史に限らず、歴史を知るということは、自分の現在の立ち位置を確かめることにつながります。歴史家のE・H・カーが「歴史とは現在と過去との間の尽きることを知らぬ対話」であると述べているように、過去の出来事を通して現在を知り、また未来を見通すことができるのです。それは、よりよく生きるための指針ともなるでしょう。

私は、歴史は地図に似たところがあると考えています。

自分がどこから来て、どこに向かっているかを教えてくれるのが地図であるとすれば、やはり歴史にも同じような機能を見出すことができるのではないでしょうか。

「自分を知る、という意味でも昔の映画を見る意義がありそう。早速、初期のハリウッド映画の代表作『國民の創生』を見てみます！」

時代とともに変化していくのも、歴史と地図の共通点です。

かつての道がなくなり、新しい道ができればそれが地図に反映されるように、歴史もまた大小さまざまな発見や人々の認識の変化にともなって不断に書き換えられていきます。

ひととおり学んでみて既存の歴史に飽き足りなくなった人には、その先の地図を描く楽しみが用意されています。

自分が鑑賞した映画をその地図に組み込んでいけば、世界でただ一つの自分だけの映画マップを作ることもできるでしょう。

個々の映画鑑賞体験をバラバラのままにしておくのではなく、歴史と紐づけることで、各映画作品の重要性や位置づけ、作品と作品の関係性がより立体的に浮かび上がり、映画の見方がますます豊かになっていきます。

「付録の『必見!!世界と日本の名作映画111選』に作品を書き足していき、あなただけの〝映画地図〟を完成させましょう」

Homework

1
付録「必見!!世界と日本の名作映画111選」
を参考にして、
〜1960年の古典的ハリウッド映画を見よう!

2
自分の興味があるもの
(仕事で取り扱っているもの)の起源を知ろう!
発祥の地があれば赴いてみよう!

3
製作―配給―興行にあてはめて、
自社(個人)の戦略を練ろう!

4
映画を見て、古典的ハリウッド映画の手法が
使われていないかチェックしよう!

INTER MISSION

『トイ・ストーリー』の大ヒットとスティーブ・ジョブズの復活劇

ピクサーとの出会い

アップル社の共同設立者の一人であり、カリスマ実業家として一世を風靡《ふうび》したスティーブ・ジョブズにも不遇の時期がありました。

１９８４年、アップルから事実上追放されてしまうのです。

アップルを去ったジョブズは、NeXT（ネクスト）というコンピュータ企業を立ち上げて再起を図るものの、苦戦を強いられます。もはや過去の人となりつつあったジョブズを再び表舞台へと押し上げたのは、アニメーション制作会社ピクサーの躍進でした。

いまでこそ世界的なアニメーション・スタジオとして知られているピクサーですが、前身はルーカスフィルムのCG（コンピュータ・グラフィックス）部門でした。ルーカスフィルムは、「スター・ウォーズ」シリーズを生み出したジョージ・ルーカスが設立した会社です。1983年に妻と離婚したルーカスは、莫大な慰謝料の支払いを求められていました。そのような折に、コンピュータの開発会社を欲していたジョブズが買収に名乗りをあげたのです。買収額は1000万ドルでした。

ジョブズとしてはアニメーション制作会社を買ったつもりはなく、あくまでハードウェアの開発と販売を目的としていました。

しかし、ピクサーはその分野で思うように売り上げを伸ばすことができず、ハードウェア部門は閉鎖に追い込まれ、もともと画像処理コンピュータの技術力を見せるために作っていたCGアニメーションの制作に舵《かじ》を切ることになります。

ピクサーが手がけたCMや短編アニメーションは高い評価を受けており、第61回アカデミー賞では『**ティン・トイ**』（1988年）が短編アニメ賞を受賞します。

ですが、いくら高品質の作品を作っても、基本的に単独で劇場上映されることのない短編アニメーションではお金になりません。

ピクサーは毎年のように赤字を計上しており、ジョブズはそれを補填するために5000万ドルにものぼる私費を投じていました。

このような状況を打破するべく、ピクサーはディズニーと契約を結び、長編のCGアニメーション制作に着手します。そうして生まれたのが『**トイ・ストーリー**』（1995年）でした。『トイ・ストーリー』は北米だけで1億9200万ドル近い興行収入をあげ、その年最大のヒット作となります。

歴代のアニメーション映画としては、当時、ディズニーの『**アラジン**』（1992年）と『**ライオン・キング**』（1994年）に次ぐ大記録でした。

1995年11月22日（水）に封切られた『トイ・ストーリー』は大ヒットを確信させる週末興行成績をあげます。その翌週の11月29日（水）、ピクサーは満を持して株式公開（IPO）に臨みます。

ピクサーの株式公開はジョブズの宿願でもありました。

1株22ドルで売りに出されたピクサーの株式は、株価を上げ続け、取引初日の終値は39ドルにまで高騰しました。

ピクサー株の大半を保有していたジョブズは〝ビリオネア〟の仲間入りを果たし、見事に復活を遂げたのです。

ピクサーの躍進とジョブズの凱旋

ピクサーでの華々しい成功を手に、ジョブズは業績不振に陥っていたアップルに復帰し、暫定CEOに就任して辣腕《らつわん》を振るうことになります。その後、iPodやMacBook、iPhone、iPadといったヒット商品を世に送り出したのはみなさんもご存知のとおりです。

ハードウェアの販売という当初の思惑は外れてしまったものの、ジョブズがピクサーのアニメーション制作技術を信じて赤字時代を支え続けていなければ、その後の復活やそれに続くヒット商品の連発も起こらなかったかもしれません。『トイ・ストーリー』の成功は、文字通り世界を変えたのです。

ピクサーが手がけたアニメーション映画はことごとく大ヒットを記録していきます。

企業価値を高め続けたピクサーは、2006年、ディズニーによって買収されます。これはジョブズも望んだ友好的な買収でした。

ピクサーの価値を認めていたディズニーは、この買収に74億ドルもの巨費を投じます。ピクサー株の50%強を保有していたジョブズは、これによって40億ドル近い資産を持つことになりました。

ピクサーの買収以降、ディズニーは業績を伸ばし、その株価は数年のうちに4倍近くにも跳ね上がりました。ディズニーの最大株主となっていたジョブズの資産は130億ドル以上にのぼる計算になります。日本円に換算すれば1兆円を軽く超えるとんでもない額です。

1000万ドルで買った赤字会社を5000万ドルの私費を投じて支え続けたジョブズは、結果としてその200倍以上の利益を手にしたのです。

ジョブズはピクサーに集う並外れた才能に魅了され、その将来性に賭けていました。現場のクリエイターたちと衝突することもあったようですが、大成功を収めるまで支援を打ち切ることはありませんでした。

芸術的側面と事業的問題の折り合い

ピクサーの創造力に着目した書籍は数多く存在します。そのなかでもローレンス・レビーが著した『PIXAR ピクサー 世界一のアニメーション企業の今まで語られなかったお金の話』(文響社)は異彩を放っています。

この本ではピクサー成功の要因をクリエイティビティのみに求めるのではなく、「お金」、すなわちビジネスの観点からも捉えているのです。著者のレビーはピクサーの最高財務責任者として株式公開を成功に導いた立役者の一人でした。

レビーによれば、芸術的・創造的な才能にあふれているはずのピクサーが赤字にあえいでいたのは、地に足のついた事業計画が欠けていたからです。

芸術的な才能だけでは会社を運営することはできないし、そもそも長編のアニメーション映画を作るための体制を整えることさえできません。

必要な資金を調達したうえで、予算どおり、スケジュールどおりに作品を完成させるには、「クリエイティブな精神を殺すことなく、戦略や指示命令系統、官僚的な手続き類を導入」する必要が生じます。

レビーの考えにしたがえば、クリエイターに好きなだけお金と時間を与えてあとは自由にさせておけばすぐれた作品ができあがる、というわけではありません。

むしろ事業的観点からの制約を課すことで「秩序と自由」「官僚主義と精神」「効率と芸術」の間に緊張関係が生まれ、その産みの苦しみがすぐれた作品に結実するのです。

ピクサーという超クリエイティブな才能が集まった集団のなかで「芸術的側面と事業的問題の折り合い」をつけて「中道」を保つために奮闘したレビーの記録は、ビジネスパーソンに多くの学びをもたらしてくれることでしょう。*

「ジョブズもレビーもすごいわ」

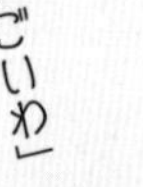

『トイ・ストーリー』
1995年製作／
監督：ジョン・ラセター

『アラジン』
1992年製作／
監督：ジョン・マスカー

『ライオンキング』
1994年製作／
監督：ロジャー・アラーズ、ロブ・ミンコフ

＊ローレンス・レビー『PIXAR ピクサー 世界一のアニメーション企業の今まで語られなかったお金の話』、井口耕二訳、文響社、2019年、304〜5頁。ここで取り上げたピクサーやジョブズに関する事実関係・具体的な数字は、基本的にこの本の記述に依拠しています。

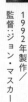

第3講

Chapter 3

日本の古典映画は
なぜ世界で評価されるのか
——黒澤・溝口のすごい仕事術

映画を倍速で見る人たち

第3講ではいよいよ本格的に映画「鑑賞法」を解説していきます。その前に、セッちゃんが何か言いたそうですね。

「そもそも、2時間もじっと座って映画なんか見てられない。映画だけじゃなく、YouTubeやNetflixで見たい動画やドラマがいっぱいあるんだから。時間がいくらあっても足りないわ」

なるほど。最近は、映画を倍速で見る人が増えているそうです。

ネットやSNSによる話題先行で、内容を確かめるような見方がとくに若い人のあいだで広まっています。会話のないシーンや、風景が映し出されているシーンなどは飛ばしてしまうという話です[1]。

NetflixやYouTube、Amazon Prime Video、ニコニコ動画などには再生速度を調整する機能や10秒送りの機能が実装されていますので、もはやそれが当たり前の時代なのかもしれません。

それを「けしからん」と言う人もいますが、私はそれほど否定的ではありません。

原理的なことをいえば、どのような映画をどのように見るかはすべて「観客の自由」です。

映画は娯楽の一つであり、だからこそ見ると得をするわけですから、変にかしこまる必要はないでしょう。

もしかしたら、倍速で映画を見ることに習熟した人たちには、普通の見方をする人にはたどりつけない世界が見えているのかもしれません。複数の作品を同時に早送りで見ながら内容を把握する〝超人的な〟批評家・評論家の存在は昔から噂されていますし。

ただし、否定的ではないとはいえ、決して積極的に肯定したいわけではありません。

そもそも、私自身はそのようなスキルは一切持ち合わせていませんし、身につけたいともまったく思いません。

どちらかといえば、冒頭に映し出される映画会社のロゴマークから、エンディング・クレジットの最後まで見ないと落ち着かないタイプの人間です。

映画館に照明がつくまでじっと座席に身を沈めてあれこれ思索をめぐらせてこそ、初めて1本の作品を鑑賞したことになると心のどこかで信じているのです。

よく見ることは、よりよく生きること

小津安二郎の『**お早よう**』（1959年）という映画のなかにこんなシーンがあります。大人たちの形式的なあいさつや紋切型の世間話を無駄だと切り捨てる子どもたちを前にして、彼らに英語を教えている男性登場人物（佐田啓二、中井貴一のお父さんです）は次のように言うのです。

「でも、そんなこと、案外余計なことじゃないんじゃないかな。それ言わなかったら、世の中、味も素ッ気もなくなっちゃうんじゃないですかねぇ。僕ァそう思うなァ」

「無駄があるからいいんじゃないかなァ、世の中――」
「僕ァそう思うなァ[2]」

私はこのシーンを見返すたびに言いようのない感動に襲われます。人間社会の真実を鋭く言い当てた名場面だと思っています。

いったい、一切無駄のない人生に生きる価値などあるのでしょうか？

無駄を恐れていたら映画についての文章や、ましてや本などとても書けるものではありません。1本の映画について批評や論文を書いているあいだに少なくとも数本分、下手をしたら数十本の新しい映画を見ることができます。

それでは、なぜ映画について人は文章を書かずにいられないのでしょう。

私の大学院修士課程時代の指導教員である映画研究者＝批評家の加藤幹郎《みきろう》は、ある研究書のあとがきに次のように書いています。

> 映画について書く暇があれば、映画を見に行ったほうがよいというひとがいるかもしれない。しかしわたしは映画をもう一度見るために書く。書くことは、よりよく見

ることだからである。[3]

私もこの考え方に全面的に同意します。もっと言えば、「書くこと」「よりよく見ること」は、「よりよく生きる」ことと地続きではないかと思います。

私はおそらく、映画をよく見てそれについて書くことが、よりよく生きることにつながると信じているのです。

そうして書かれたものが、読んでくれた誰かにほんの少しでも気づきを与えて、その人の人生を豊かにすることができたとしたら、これに勝る喜びはありません。

映画を生業《なりわい》としない人にとっては、映画鑑賞もそれについて文章を書くことも「無駄」な行為に感じられるかもしれません。しかし映画の世界にどっぷり浸かって思索を深める営みは、じつにぜいたくで尊いものです。

このような態度は、若い人からは「時代遅れ」だと言われてしまうかもしれません。ですが、１本１本の作品と真摯に向き合うからこそ引き出せる「楽しみ」は間違いなく存在していますし、そのような楽しみ方については一家言あると自負しています。

分析的な見方をすることで引き出せる楽しみを知らずにいるのは、単純に「もったいない」とも思います。

いずれにせよ、私にはじっくり味わうようにして映画を見る方法しか教えられません。本講の内容をとおして、そのような楽しみ方を知っていただければ幸いです。もちろん、そう思ってもらえる自信があります。

「わかりました！　まずは一作をじっくりと見てみよう。……って何を見ればいいんだろう」

何から見ればいいのか

いざ「映画を見ろ」と言われても、セッちゃんのように、どこから手をつけていいかわからず途方に暮れてしまう方が多いのが実情ではないかと思います。

そもそも現代日本社会にはあらゆる種類の情報が氾濫しています。

そのような社会にあってはとりわけ情報の取捨選択が重要になってきます。映画を

＊加藤幹郎『「ブレードランナー」論序説 映画学特別講義』筑摩書房（2004年）243頁

倍速で見るというのも生存戦略のひとつなのでしょうが、ここではその選択肢は封印しておきます。

さて、2019年に日本で公開された映画は邦画と洋画を合わせて1278本に上ります。これは過去最多の本数です。

劇場公開を終えた作品は一定期間が経過したのちにソフト化され、配信サービスのラインナップにくわえられるのが常ですので、視聴可能な映画の数は必然的に増加の一途を辿《たど》っていくことになります。

ほとんど無限とも思えるほどの大量の映画作品を前にして、どうやって今日これから見る1本を選んだらいいか――。

入門段階においては、あえて情報量に制限をかけることも有効です。

そこで、私がみなさんにオススメしたいのが、古典的名作とされる映画を選択的に見ることです。

時の洗礼に耐えた作品には「価値」がある

村上春樹のベストセラー小説『ノルウェイの森』の登場人物に永沢という古典文学の愛読者がいます。彼は「時の洗礼を受けていないものを読んで貴重な時間を無駄に費やしたくない」という理由で、「死後三十年を経ていない作家の本」は原則として手にとらないようにしています。[4]

文学に比べて歴史の浅い映画の場合、「作者の死後三十年」は「公開から三十年」と読み換えるのが妥当なところでしょうか。もちろん、これはあまりに極端なポリシーです。

しかしながら、「時の洗礼」という観点はなかなかどうして核心を突いています。まずは、日本映画の古典的名作について触れていきましょう。

新作映画と古典的名作では「打率」が違う

日本映画の黄金時代と呼ばれる1950年代には、国内で毎年数百本（約200～500本）の劇映画が製作されていました。

たとえば、1955年に日本で製作された劇映画は423本ありますが、[5]このなかで古典として今日まで生き延びているのは成瀬巳喜男の『**浮雲**』くらいでしょう。

「古典として生き延びている」という状況をどう定義するのかは難しい問題ですが、ここではざっくりと「熱心な映画ファン以外でもタイトルを知っており、現在に至るまで一定数の人が繰り返し鑑賞し続けている作品」としておきます。

この定義に照らすと、成瀬の『浮雲』でさえ条件を満たしているかどうか怪しくなりますが（成瀬巳喜男の名前や『浮雲』というタイトルが国民的認知を得ているとはとても思えません）、50年代の日本で撮られた最重要作品の一つなのでそこは目を瞑《つむ》ることにしましょう。

つまり、ここで言いたいのは、時の篩《ふるい》にかけることで423本という大量の作品のなかから見るべき1本を絞り込めるということです。

もちろん、一般には知られていなくとも隠れた名作とされる映画はいくらでも

成瀬巳喜男 *Mikio Naruse (1905-1969)*

巳年生まれの成瀬は「巳喜男」と名付けられ、寡黙で職人気質な性格とやるせない作風から「ヤルセナキオ」とあだ名されました。松竹蒲田撮影所に在籍していた頃、撮影所長の城戸四郎が成瀬に関して「小津は二人いらない」と言ったという伝説的な逸話があります。松竹で冷遇されていた成瀬は、引き抜きに応じてPCL（のちの東宝）に移籍。最も有名な作品は1955年公開の『浮雲』で、これを見た小津は「俺には真似できない」と述べて激賞しました。

ありますし、世間や専門家の評価が絶対というわけでもありません。

ですが、忙しい日々を過ごしているビジネスパーソンの「貴重な時間」を割くわけですから、こうした選別基準には一定の理があると考えます。隠れた名作を探す楽しみは、あとにとっておいても決して逃げたりはしません。


新作映画のなかから1本を見るのと、半世紀以上の時を超えて現代に伝わっている1本を見るのとでは、単純に「打率」が違ってきます。

わかりやすくいえば、「ハズレを引く可能性が低い」ということです。先ほどの流れで言えば「じっくり鑑賞するだけの価値がある作品」ということになるでしょうか。

たとえつまらなく感じたとしても、時の試練に耐えた作品にはそれだけの理由があるので、必ず何かしら得るものがあるはずです。

ですから同じ2時間を過ごすのであれば、古典的名作を見るほうが断然お得な経験なのです。

参考までに巻末の付録に世界と日本の名作映画をまとめてありますので、作品を選ぶ際の参考にしてください。

臨機応変に見ればいい

「『映画を見て豊かな人間性を身につけよう』という話だったのに、合理性だの効率だの損得だのと言われると、なんだか違和感を覚えるなあ」

「あれほど『人生には無駄が必要だ』なんて力説していたのに、矛盾しているんじゃないの？」

これは痛いところを突かれてしまいましたね。しかし、たんに効率性を毛嫌いする態度は、それはそれで人間性の幅を狭めているのではないでしょうか。

何事につけ、行動指針や規範に対する意識を持つことは重要ですが、だからといって指針や規範に外れる行為をすべて排除するべきではありません。

限られた時間のなかで優先的に古典的名作を見るという原則を立てつつも、気になった作品があればそれがマイナーな映画だろうと新作映画だろうとレビューの評価が散々なものであろうと、自由に見ればいいのです。

原則があるから例外もある。例外しかなければ、それはたんなる無秩序でしかありません。

原理原則を頑《かたく》なに墨守するのは子どもの態度です。逆に、原理原則を徒《いたずら》に軽視して好き勝手に振る舞うのも褒められたことではありません。

原則を大事にしながらも、場合によっては自らの判断でそれを曲げて臨機応変に行動するゆとりと勇気をもつこと。これが成熟した大人の態度だと思います。

「古典的名画を見るのが効率的だ」という私の主張は、こうした含みを前提にしています。

「もしかして、イトウ先生ムキになってる?」

初心者は「黒澤、小津、溝口、成瀬」から

つい熱くなってしまいました。話を進めましょう。

1950年代に活躍した日本の映画監督のなかで、現代の人々にも広く知られているのは黒澤明、小津安二郎、溝口健二の三人にほぼ限定されるのではないかと思います（溝口健二になると少し怪しいかもしれません）。

先ほど名前を挙げた成瀬巳喜男は、この三人に次ぐ「日本映画第四の巨匠」としてしばしば言及される監督です。

古典の強みは、何といってもまず多くの人が知っている点に求められます。見ている人が多いので、感想をそのまま会話のネタに使える可能性が高いからです。仮に相手が作品を見ていなくても、監督の名前やタイトルを知っている人であればやはり話を進めやすいでしょう。

タイトルも知らない作品についてそのあらましを一から説明するのと、相手がある程度情報をもっている場合とでは、コミュニケーションにかかるコストが圧倒的に違ってきます。

見慣れていないうちは、古い映画、とりわけモノクロの映画を見ることに抵抗があるかもしれません。ですが、よく言われるように名作が備えている普遍性は時代を超えるものです。

とくに黒澤、小津、溝口、成瀬の1950年代の映画は、何の説明もなく見たとしてもごく自然に楽しめるだろうと思います。

とはいえ、やはり見るべきポイントを事前に押さえておいた方がそのおもしろさを十全に引き出せるでしょう。今回は黒澤、溝口、小津を紹介しつつ、彼らの作品を例に分析的な映画鑑賞の方法と魅力をお伝えしたいと思います。

のちの監督たちに絶大な影響を与えた黒澤映画

黒澤明の代表作といえば、やはり『**七人の侍**』（1954年）ですね。3時間半近くにも及ぶ長尺《ちょうじゃく》の作品ですが、まったく退屈することはありません。骨太のヒューマニズムとドラマティックなストーリー、大迫力の映像がもたらすスペクタクルなど、黒澤映画の魅力を兼ね備えた傑作です。

また、日本映画として初めてヴェネツィア国際映画祭で金獅子賞（グランプリ）を獲得した『**羅生門**』（1950年）も、芸術性と娯楽性をきわめて高い

黒澤明 *Akira Kurosawa (1910-1998)*

1964年に開催された東京オリンピックの公式記録映画を作る際、最初に監督に就任したのは黒澤明でした。1960年のローマ大会を視察した黒澤は、数百ページにもおよぶ詳細な報告書を提出します。黒澤の壮大な計画を実現するために必要な費用は5億円以上にものぼりました。これに対して当時の大蔵省が難色を示し、紆余曲折を経て黒澤は降板することになり、最終的に市川崑《こん》が監督を務めました。2020年（コロナ禍のために2021年に延期）の東京オリンピック公式記録映画の監督には、カンヌ国際映画祭などで数々の賞を受賞している河瀬直美が就任しています。

水準で両立させている作品です。

この受賞が契機となり、戦後の日本映画は国際的な注目を集めるようになりました。その意味でも、歴史的にも価値のある1本と言えます。

のちの映画作品に直接的な影響を与えた有名な例としては、**『隠し砦の三悪人』**（1958年）を挙げることができます。「スター・ウォーズ」シリーズの生みの親であるジョージ・ルーカスは、黒澤明を敬愛していることで知られています。

シリーズ第一作に当たる**『スター・ウォーズ エピソード4／新たなる希望』**（1977年）の物語は、

図3-1　『隠し砦の三悪人』黒澤明監督、1958年（DVD、東宝、2015年）

図3-2　『スター・ウォーズ エピソード4／新たなる希望』ジョージ・ルーカス監督、1977年（DVD、20世紀フォックス・ホーム・エンターテイメント・ジャパン、2006年）

『隠し砦の三悪人』によく似ています。どちらも亡国の姫を救出する話になっているのです。手柄を立てたものたちが姫から褒美を受け取るシーンの構図もよく似ていますね（**図3-1、3-2**）。

また、「スター・ウォーズ」にはC-3POとR2-D2というおなじみのロボット二人組が登場しますが、そのモデルは『隠し砦の三悪人』に出てくるコミカルな二人の百姓・太平（千秋実）と又七（藤原釜足）であると言われています（**図3-3、3-4**）。

ほかにも、『**用心棒**』（1961年）

図3-3　『隠し砦の三悪人』黒澤明監督、1958年（DVD、東宝、2015）

図3-4　『スター・ウォーズ エピソード4/新たなる希望』ジョージ・ルーカス監督、1977年（DVD、20世紀フォックス・ホーム・エンターテイメント・ジャパン、2006年）

はクリント・イーストウッド主演のマカロニ・ウエスタン（イタリア製西部劇）『**荒野の用心棒**』（セルジオ・レオーネ監督、1964年）としてリメイクされています。

『用心棒』の翌年に公開された『**椿三十郎**』（1962年）は、同じ脚本を使って織田裕二主演でリメイクされました（森田芳光監督、2007年）。

『用心棒』と『椿三十郎』は、いずれも120分以内の上映時間であり、かつ娯楽性がきわめて高いので、黒澤明の時代劇をはじめて見る方への入門編としておすすめです。

　また、それぞれのリメイク作品と見比べてみると、興味深い発見があってなお楽しめるのではないかと思います。

「私は勤務先の大学で『椿三十郎』のオリジナルとリメイクを比較する授業を毎年行なっていますが、『初めて白黒の時代劇を見たけどとてもおもしろかった』『世界的に評価されている理由がよくわかる』などといったコメントが寄せられ、学生の反応は非常によいです」

名作ぞろいの黒澤「現代劇」

「黒澤明の映画はたしかにわかりやすそうだけど、『時代劇』ってイメージが強いなあ」

ここまで黒澤が監督した時代劇のタイトルをいくつか挙げてきましたが、実は現代劇にも見るべき作品はたくさんあります。

アレクサンドル・デュマの『モンテ・クリスト伯』や、シェイクスピアの『ハムレット』の要素を取り入れた『**悪い奴ほどよく眠る**』（1960年）は結婚式のシーンで幕を開けます。フランシス・フォード・コッポラはこれを参考にして、マフィア映画の金字塔『**ゴッドファーザー**』（1972年）を結婚式のシーンから始めています。

黒澤明の現代劇からもう1本だけ選ぶとしたら、私は『**天国と地獄**』（1963年）を推します。身代金誘拐事件を描いたこの作品は、現代の目から見ても超一級のサスペンス映画であり続けています。

『悪い奴ほどよく眠る』（1960年）

「土地開発公団」の汚職事件をめぐるサスペンス。主人公の西（三船敏郎）は、汚職に巻き込まれて自殺した父親の復讐を果たそうと暗躍します。彼は戸籍を偽り復讐のために公団副総裁の娘（香川京子）と結婚するのですが、フランシス・フォード・コッポラは、映画の冒頭に置かれた結婚式のシーンを絶賛しました。

『用心棒』（1961年）

黒澤娯楽時代劇の決定版。主人公の浪人・桑畑三十郎（三船敏郎）は立ち寄った宿場町で対立する二つのやくざを巧みに誘導して、共倒れにすることを目論みます。マカロニ・ウエスタンの傑作『荒野の用心棒』（1964年）は本作を非公式にリメイクしたもので、一時は裁判沙汰にまで発展しました。ストーリー上のつながりはないものの、『椿三十郎』（1962年）は『用心棒』の続編的作品です。

『天国と地獄』（1963年）

身代金誘拐事件を描いた一級のサスペンス。犯人から身代金を要求される製靴会社の重役を三船敏郎が演じ、犯人逮捕に執念を燃やす刑事役を仲代達矢が好演。走行する特急「こだま」を貸し切って撮影された身代金受け渡しのシーンは、あまりにリアルだったために現実の模倣犯を生みました。

『赤ひげ』（1965年）

江戸時代後期の小石川療養所を舞台に、所長の「赤ひげ」の薫陶を受けて成長する青年医師の姿を描き出した、黒澤ヒューマニズムの集大成。赤ひげを三船敏郎が、青年医師を若き加山雄三が演じています。本作は、三船敏郎が出演した最後の黒澤映画となりました。

まずはこれから見て!

黒澤明監督作品入門8選

『羅生門』(1950年)

原作は芥川龍之介の二つの短編「藪の中」「羅生門」。平安京の郊外で起こった殺人事件をめぐって、関係者たちの証言の食い違いを描き、人間のエゴイズムを浮かび上がらせました。三船敏郎が殺人を犯す盗賊・多襄丸を演じています。ヴェネツィア国際映画祭で金獅子賞を受賞し、日本映画が国際的に注目されるきっかけとなった作品です。

『生きる』(1952年)

胃ガンで余命宣告を受けた主人公が残された時間をいかに「生きる」かを描いた、黒澤ヒューマニズムを象徴する作品のひとつ。この年のキネマ旬報ベストテンで1位に輝きました。主人公の市役所・市民課長を演じたのは、黒澤映画の常連俳優・志村喬。志村は全部で21本の黒澤映画に出演しています。

『七人の侍』(1954年)

黒澤明の代表作。舞台は戦国時代の末期。野武士の襲撃におびえる農村の村人たちは、侍を雇って野武士を撃退しようとします。そうして集まったのが「七人の侍」たち。クライマックスをなす豪雨の決戦シーンはなんと真冬に撮影されました。侍たちのリーダー役・勘兵衛を志村喬、百姓の生まれでありながら侍を装う破天荒の暴れ者・菊千代を三船敏郎が演じます。

『隠し砦の三悪人』(1958年)

隠し砦に身を隠す亡国の姫とお家再興のための黄金を同盟国まで送り届けるべく、侍大将と二人の百姓が協力して奮闘するお話です。侍大将を演じたのは三船敏郎。しばしば浅知恵を働かせては失敗を繰り返す二人の百姓・太平(千秋実)と又七(藤原釜足)は、「スター・ウォーズ」に登場するC-3POとR2-D2のモデルとなりました。

そのことは、のちの作品がたびたび『天国と地獄』を引用している事実からもうかがえます。

『天国と地獄』はモノクロ映画ですが、あるシーンだけ画面の一部に色がつきます。黒澤映画の大ファンであるスティーヴン・スピルバーグは、**『シンドラーのリスト』**（１９９３年）のなかで同様の手法を取り入れています（ユダヤ人の少女が持っている風船を赤く着色しています）。

元ネタを知っていると楽しさ倍増

邦画では、織田裕二主演の**『踊る大捜査線 THE MOVIE 湾岸署史上最悪の3日間！』**（本広克行監督、１９９８年）が『天国と地獄』を引用しています。

該当するシーンでは、織田裕二が「『天国と地獄』だ」とつぶやいてくれるので、見ていればすぐにわかります。このシーンだけ突然モノクロに切り替わる必然性も、『天国と地獄』を知っていればただちに理解できます。

『踊る大捜査線 THE MOVIE 湾岸署史上最悪の3日間!』
（本広克行監督、1998年）

『踊る大捜査線』では、ほかにもアカデミー賞で主要5部門を制した『羊たちの沈黙』（ジョナサン・デミ監督、1991年）のハンニバル・レクター博士（アンソニー・ホプキンス）のイメージを流用しています。小泉今日子が天才的な頭脳を持つサイコパスの犯罪者を演じており、レクター博士同様、獄中から警察の捜査に協力するという設定が見られます。『踊る大捜査線』は典型的な娯楽映画と言っていいと思いますが、先行作品に目配せをすることで映画ファンの心をくすぐる作品に仕上がっています。

古典的名画を見ていると、現代の作品を見たときに得することがあります。古典は後の作家に大きな影響を与えていることが多く、しばしばオマージュやパロディの対象となるからです。

オマージュやパロディは元ネタを知っていると何倍も楽しめるようになります。

このように昔の映画を見ることで、現代の作品に絡めて話題を展開したり、鑑賞する作品の幅を広げたりすることができるのです。

コメンタリー

三船敏郎のデビュー秘話

黒澤映画になくてはならない俳優に三船敏郎がいます。

三船は全部で16本の黒澤映画に出演しており、本文でタイトルを挙げた作品（『羅生門』『七人の侍』『隠し砦の三悪人』『悪い奴ほどよく眠る』『用心棒』『椿三十郎』『天国と地獄』）にはすべて主演格で出演しています。

三船は、1946年に行なわれた「第一回東宝ニューフェイス」のオーディションに合格して映画界入りしました。もともと撮影助手としての入社を希望していたようですが、撮影部に人員の空きがなかったためにしぶしぶオーディションを受けたと言われています。

オーディション中の三船の様子について、審査員としてその場にいた女優の高峰秀子は次のように述べています。

服装こそ、粗末なズボンとスポーツシャツだったが、濃い眉毛の下の鋭い眼光、ソギ

三船敏郎 *Toshiro Mifune (1920-1997)*

日本映画を代表する俳優のひとり。映画雑誌の『キネマ旬報』が2000年に行った『キネマ旬報20世紀の映画スター』という企画では、著名人選出部門、読者選出部門のいずれでも三船が1位に選ばれました。

落としたような類の線、日本人ばなれのした精悍《せいかん》な肢体には審査員一同を圧倒するような迫力があった。

しかし、三船敏郎は、彼一流のテレかくしからか、その振る舞いはほとんど無礼に近く、審査員の質問にはロクに返事もせず、唇を真一文字にひきしめて、時々、ギロッ、ギロッと審査員をねめまわすばかり。とりつくしまもあらばこそ、である。[6]

高峰によれば「審査員の意見は真っ二つに割れ、紛糾し」、「性格に穏便さを欠く」という理由で不採用の決定が下されたと言います。

黒澤明はその日、**『わが青春に悔なし』**（1946年）のセット撮影中で審査には立ち会っていなかったそうですが、お昼休み中に高峰から「凄いのが一人いるんだよ」と声をかけられ、様子を見にいくことにします。

三船の演技を見た黒澤は「生け捕られた猛獣が暴れているような凄まじい姿で、しばらく私は、立ち竦んだまま動けなかった」ということです。[7]

すっかり三船に惚れ込んだ黒澤は、不採用の決定を下した審査委員会に対して猛然と抗議します。結局、もともと三船を推していた審査委員長の山本嘉次郎が「俳優としての素質と将来性について、監督として責任を持つ」と発言し、採用されることになったのでした。

無事に入社を果たした三船は、黒澤の作品をはじめ、次々と傑作に出演して、一躍、大スターとなります。

もしもオーディションの場に高峰や黒澤、山本がおらず、あっさり不合格にされていたらと考えるとゾッとします。三船敏郎のいない戦後日本映画史など考えられないからです。

黒澤映画のファンも三船敏郎のファンも世界中にたくさん存在しています。「世界のクロサワ」「世界のミフネ」などと呼ばれる二人ですが、黒澤映画に出演したから「世界のミフネ」になれたとも言えるし、三船敏郎を起用したから「世界のクロサワ」になれたとも言えるでしょう。いずれにせよ、世界映画史上屈指の名コンビであることは間違いありません。

「国内外に数多くの熱狂的なファンを持つ三船敏郎ですが、フランス映画きっての二枚目俳優として日本でも人気の高いアラン・ドロンもそのひとりです。アラン・ドロンは自らがプロデュースする香水に三船をイメージして「SAMURAI」と名付けたほどです（私も一時期愛用していました）。」

小津と黒澤の意外な関係

黒澤の監督デビューをめぐっては、のちほど紹介する小津安二郎とのあいだに有名なエピソードがあります。

1936年にピー・シー・エル映画製作所（東宝の前身となった会社のひとつ）に入社した黒澤は、戦時中の1943年に公開された『姿三四郎』で監督デビューを果たしました。

当時、映画監督になるためには第一回監督作品を内務省に提出して試験をパスしなければなりませんでした。試験官は内務省の検閲官と先輩の映画監督たちです。そのなかに小津もいました。

黒澤の自伝『蝦蟇の油 自伝のようなもの』（岩波書店）には、検閲官たちからいかに的外れな批判を浴びせられ、それに対して黒澤がどれほど腹を立てたかが克明に記述されています。

業を煮やして席を立とうとしたとき、小津が立ち上がって「百点満点として『姿三四郎』は、百二十点だ！ 黒澤君、おめでとう！」と言って合格が決まったそうです。[9]

小津は50年代の黒澤作品について批判的な言葉を口にするようになりますが、黒澤はのちのちまでこのときの小津への感謝を忘れなかったようです。

小津の「一声」がなければ、黒澤映画は日の目を浴びなかったかもしれません。日本映画の「黄金世代」はこうした巨匠たちの切磋琢磨《せっさたくま》とリスペクトのなかで醸成されたとも言えます。

若きヌーヴェル・ヴァーグの才能たちを熱狂させた溝口健二の「長回し」

溝口健二の映画は、厳格な演出と驚異的な長回し（ロング・テイク）とを特徴とします。

長回しというのは、持続時間の長いショットのことを言います。

一般的な映画であれば数秒ごとにショットが切り替わりますが、溝口の映画では一つのショットが数十秒間続くことがざらにあり、ときには数分間に及ぶことさえあります。

長回しを基調とした映画構成は、同時代のハリウッド映画などとは決定的に異なるものであり、とりわけヌーヴェル・ヴァーグ世代の監督たちに衝撃を与えました。たとえば、**『新・平家物語』**（１９５５年）の冒頭では、群衆から個人へと次々と撮影対象が移り変わっていく超絶技巧の長回しが使われていますが、これを見た**フランソワ・トリュフォー**と**ジャン＝リュック・ゴダール**がすっかり仰天し、映写室に駆け込んでフィルムを確かめたという逸話が残っています。溝口に心酔していたゴダールは、来日時に溝口の墓参りもしています。

彼らは、フランスの映画批評誌『カイエ・デュ・シネマ』に溝口を賞賛する記事をたびたび書いていました。

ヌーヴェル・ヴァーグの中心的な監督のひとりとして知られるジャック・リヴェットは、シネアスト（映画人）にとって「演出」こそが言語を超えた共通言語であるとしたうえで、「溝口においては、その純粋さはいままで西洋の映画が例外的にしか到達しえなかったレベルにまで高められている」[10]と述べて激賞しています。

溝口健二 *Kenji Mizoguchi (1898-1956)*

しばしば完璧主義者と呼ばれる溝口は、スタッフに対しても俳優に対しても容赦のないダメ出しを繰り返し、自らが求める理想の映像表現を愚直に追い求めました。

コメンタリー ヌーヴェル・ヴァーグってなんだ？

1950年代末のフランスでは、新人の映画監督が次々と華々しいデビューを飾り、世界的な注目を集めました。

彼らの映画は伝統的なフランス映画とは明確に異なる新しいスタイルを持っていました。スタジオ内のセット撮影を中心としていたそれまでの映画に対し、彼らの多くはカメラを持って路上に飛び出し、果敢にロケーション撮影を行ないました。

フランス映画に生じたこの新しい動きのことを「ヌーヴェル・ヴァーグ」と呼びます。

ジャン・リュック・ゴダール *Jean-Luc Godard (1930-)*

かつて大島渚はゴダールについて「女房に逃げられる才能を持つ」と評したことがあります。自身の監督作に主演として起用した女優のアンナ・カリーナ、アンヌ・ヴィアゼムスキーとの結婚と離婚を経て、現在のゴダールはアンヌ＝マリー・ミエヴィルと公私にわたってパートナー的関係を結んでいます。

㋑ 近年の映画『グッバイ・ゴダール!』（ミシェル・アザナヴィシウス監督、2017年）は、ゴダールとアンヌ・ヴィアゼムスキーの生活をコメディタッチに描いた伝記映画です。また、ゴダールの女性関係に焦点を合わせたユニークな評論に四方田犬彦『ゴダールと女たち』（講談社現代新書、2011年）があります。

「ヌーヴェル・ヴァーグ」とは、フランス語で**「新しい波」**を意味します。

その始まりを明確に示すことは困難ですが（論者によって異なります）、1959年がヌーヴェル・ヴァーグにとって象徴的な年であることは間違いありません。

1959年にはヌーヴェル・ヴァーグの旗手と見なされることになる監督たちが重要な作品を立て続けに撮影、発表しています。この年に公開されたクロード・シャブロルの『**いとこ同志**』はベルリン国際映画祭で金熊賞を受賞し、フランソワ・トリュフォーの『**大人は判ってくれない**』はカンヌ国際映画祭で監督賞を受賞しました。このときトリュフォーはまだ27歳でした。

フランソワ・トリュフォー *François Truffaut (1932-1984)*

ヌーヴェル・ヴァーグを代表する映画批評家、監督のひとり。たびたび俳優として映画に出演することがあります。アカデミー賞外国語映画賞を受賞した『アメリカの夜』（1973年）では、劇中の監督役として出演。また、スティーヴン・スピルバーグの『未知との遭遇』（1977年）には科学者役で出演しています。

1959年に撮影を開始したジャン＝リュック・ゴダールの**『勝手にしやがれ』**は、翌1960年に公開されると、大きな反響を呼びました。

監督・脚本にゴダール、原案にトリュフォー、監修にクロード・シャブロルがクレジットされた『勝手にしやがれ』は、まさにヌーヴェル・ヴァーグの記念碑的作品です。

シャブロル、トリュフォー、ゴダールは、いずれも映画批評家のアンドレ・バザンが主宰する雑誌『カイエ・デュ・シネマ』に寄稿していたことから**「カイエ派」**と呼ばれます。

セーヌ川の右岸に事務所があった『カイエ』に対し、セーヌ左岸のモンパルナス界隈で集まりを持っていた面々のことを「左岸派」と呼ぶことがあります。

左岸派の監督には**『二十四時間の情事（ヒロシマ・モナムール）』**（1959年）で広島ロケを行なったアラン・レネや、**『シェルブールの雨傘』**（1964年）をはじめとするミュージカル映画を撮ったジャック・ドゥミ、ドゥミの妻で同じく映画監督として活躍したアニエス・ヴァルダなどがいます。

ヌーヴェル・ヴァーグ自体は1960年代には終焉に向かったと考えられていますが、この時期に登場した監督たちは、その後も息の長い活躍を見せました（ゴダールに至ってはいまだに現役です）。

カイエ派の姿勢に共通しているのは、溝口を単に日本映画の巨匠としてのみ捉えるのではなく、映画監督として普遍的な高みに到達したと見なしている点です。

エリック・ロメールは、溝口を「最も普遍的な監督」と位置づけ「彼がわたしたちにとってきわめて近い存在に感じられるとしたら、それは彼が西洋の文化を剽窃したからではなく、はるかかなたの遠い地点からやって来て、わたしたちと同じ本質の概念にたどり着いたからだ」と述べています。[11]

それから、黒澤よりも溝口をはるかに高く評価していたのも彼らに共通する姿勢です。

黒澤の『七人の侍』と溝口の『山椒大夫』はいずれも1954年のヴェネツィア国際映画祭に出品されて銀獅子賞を獲得していますが、彼らからすれば二つの作品が対等に扱われることには納得がいかなかったようです。

ゴダールは、溝口の追悼記事のなかで、このときの同時受賞に異議を申し立てたジャン=ジョゼ・リシェの記事を引用しています。リシェは「われわれフランス人の知っている映画人のなかで、ひとり彼（※溝口）だけは、エキゾチスムという、魅力的だが低次元の段階を決定的に乗り越えて、より高い水準に達している」[12]とし、断然、溝口の肩を持っています。

ヨーロッパは溝口、ハリウッドは黒澤がお好き

「結局、黒澤監督と溝口監督のどちらが評価されてるのさ」

黒澤映画と溝口映画のどちらがよりすぐれているかを客観的に決めることはできません。作品が普遍性を備えているといっても、その受け止め方は個々の観客に依るところが大きいでしょう。何を評価するかはその人の生き方にまで関わる問題です。

一般論としてくるならば、総じて溝口がヨーロッパ、特にフランスのシネフィル（熱心な映画愛好者）に受け入れられる傾向にあり、それに対して黒澤はハリウッドで高い評価を得ました（もちろん例外はあります）。

これにはヌーヴェル・ヴァーグが掲げていた「作家主義」という戦略も大いに関わ

ってきます。

溝口のような独創的なスタイルを持った映画は彼らの理念に合致していたと言えるでしょう。

一方、西部劇の神様ジョン・フォードを尊敬していた黒澤の映画には、ハリウッド映画的な要素が色濃く組み込まれていました。このことは、当のハリウッドの映画人たちに親しみを抱かせたと考えられます。あるいは、一見して娯楽性の高い黒澤作品に映画の本流を見たのかもしれません。

現代日本に生きる私たちは、これらの人々とはまた違った価値基準を持っているはずです。歴史的な前提を押さえつつも、私たちは私たちの価値観にしたがって、現在の視点から黒澤映画と溝口映画を見比べ、評価すればいいのです。

私自身が黒澤と溝口のどちらをより高く評価しているかといえば、どちらも好きとしか答えられません。別にどうしても優劣をつけなければならないようなものでもありませんから、それでいいと思っています。

ただ、もしも私がこれから一年間、黒澤か溝口のどちらかの映画しか見られないという究極の二択を迫られたとしたら、迷った末に黒澤を選ぶ気はしていきます。

作家主義（政策） 映画監督を小説家や画家と同じように「作家」として扱い、独創的なスタイルを持った監督を称揚するという映画批評の方法論。ヌーヴェル・ヴァーグ前夜に、トリュフォーをはじめとする『カイエ・デュ・シネマ』の執筆者たちを中心に醸成された態度です。日本では一般に作家主義と訳されますが、フランス語のニュアンスに即して作家政策と訳されることも。じっさい、理論的に体系づけられたものではなく、戦略的な意味合いが強かったと言っていいでしょう。カイエ派が映画作家としてとりわけ賞賛したのは、ハリウッドのなかで職人監督と見なされていたヒッチコックやハワード・ホークスであり、アンドレ・バザンはヒッチコックやホークスを褒めそやす若き批評家（のちの監督）たちのことを「ヒッチコック＝ホークス主義者」と呼びました。

『山椒大夫』に魅せられたスペインの名監督

さて、溝口の代表作といえば、まずヴェネツィア国際映画祭で3年連続の受賞を果たした『**西鶴一代女**』（1952年）、『**雨月物語**』（1953年）、『**山椒大夫**』（1954年）の3本の名前が挙がるでしょう。いずれ劣らぬ傑作です。

ちなみに、私が初めて見た溝口作品は『山椒大夫』でした。大学2年のときに授業の課題で視聴したのですが、それ以来すっかり溝口の虜《とりこ》になってしまいました。

『山椒大夫』に衝撃を受けたのは私だけではありません。『**ミツバチのささやき**』（1973年）で知られるスペインの映画監督**ビクトル・エリセ**は、1964年にマドリードで行なわれた回顧上映で溝口映画に出会っています。

その出会いについて、エリセは溝口の没後50年の節目に

ビクトル・エリセ *Víctor Erice Aras (1940-)*

世界的に知られている映画監督ですが、非常に寡作で、これまでに撮った長編映画は3本だけ。最初の長編『ミツバチのささやき』（1973年）は、しばしば宮崎駿の『となりのトトロ』（1988年）の元ネタのひとつと言われています。研究者の父親、しっかりものの姉と夢見がちな妹の姉妹といった登場人物の設定や、妹が自然のなかをさまよってモンスター（フランケンシュタイン）を探し回るところなどが共通点として挙げられます。なにより「子どものときにだけ見える世界」をテーマにしている点が2つの作品の印象を近しくしているのでしょう。
エリセは、東日本大震災の発生後に河瀬直美の呼びかけに応じて『3.11 A Sense of Home Films』（2012年）という映画に参加しました。これは国内外の21人の監督による3分11秒の短編を集めたオムニバス映画です。エリセのほかに韓国のポン・ジュノやリトアニア出身のジョナス・メカスも参加しています。

開催された国際シンポジウムに登壇した際に次のように語っています。

溝口映画の回顧上映は毎晩22時から上映が始まったそうですが、当時のエリセは兵役に就いており、その門限は24時でした。つまり、上映時間が2時間以上の『山椒大夫』は最後まで見ないで帰らないと門限に間に合わなくなってしまうのです。

軍隊ですから、門限に遅れれば当然懲罰を受けなければなりません。『山椒大夫』を見る前のエリセは、映画の途中で席を立つことをかたく心に誓っていたそうです。

ところが、じっさいには途中退席することができませんでした。映画の感動が彼をその場に釘づけにしてしまったのです。こうしてエリセは、懲罰と引き換えに「映画史上もっとも美しいフィナーレのひとつ」を目にすることができたのです。

一晩中ジャガイモの皮剥きをするという罰を受けながら、エリセは「人生を凌駕する映画がある」ことを実感したそうです。[13]

落ち込むようなことや嫌なことがあっても、
良い映画を見ると気分が晴れる！

by ビクトル・エリセ

コメンタリー
隠れた名作『近松物語』

『山椒大夫』と同じ年に公開され、カンヌ国際映画祭に出品された『**近松物語**』（1954年）も、初めて見る溝口作品としておすすめです。『近松物語』は、近松門左衛門が手がけた人形浄瑠璃の演目『大経師昔暦《だいきょうじむかしごよみ》』を下敷きにした映画です。

経師とは、朝廷向けの経巻や仏画の表装を担当した職人のことで、大経師はその長です。

暦《こよみ》の発行権を独占的に握っており、映画に出てくる大経師はそれによって莫大な財を築いていました。町人でありながら苗字帯刀が許され、貴族たちに金を貸すなど、権勢を振るっていたのです。

映画では、その大経師の妻・おさんと、使用人の茂兵衛の悲恋の物語が描かれます。おさんの役を香川京子、茂兵衛の役を二枚目時代劇俳優の長谷川一夫が好演しています。

『雨月物語』『山椒大夫』『近松物語』の3本は、4Kデジタル修復版のBlu-rayが販売されていますので、当時の観客が目にしたものに近い美しい映像を堪能することができます。モノクロの映像は見づらいという固定観念を払拭してくれることでしょう。

『お遊さま』の完璧な導入部

溝口健二は批評家からも高い評価を受けている監督です。日本を代表する映画批評家の蓮實重彥は、映画監督の青山真治との対談のなかで「日本人たるもの溝口を見ていないなら、生きている資格がない（笑）」[14]と言っています。

蓮實は東京大学の総長を務めたこともある人物ですが、戦略的に過激な発言を繰り出すことで知られています。小説『伯爵夫人』で三島由紀夫賞を受賞した際の記者会見では、記者に対して「馬鹿な質問はやめていただけますか？」などと返して話題となりました。

ですので、その点は考慮に入れる必要がありますが、とはいえ日本のアカデミズムのトップに立つような人間にここまで言わせてしまうのは、やはり溝口映画の底知れぬ魅力ゆえでしょう。

この対談で蓮實は、溝口の『**お遊さま**』（1951年）を取り上げ、導入部のショット連鎖のすごさを指摘して「あんなことは世界の誰にもできない」「あれができたら死んでもいいと思うでしょ[15]」と述べます。

さらには「あの導入部を見て興奮しない日本人がいたら、即刻銃殺もんだと思う（笑）」とまで言っているわけですが、実は私もかねてからこの映画の導入部は神がかり的に素晴らしいと感じていました（どうやら銃殺は免れることができそうです）。

「溝口健二のすごさは十分伝わりましたから、そろそろ映画の見方を教えてくださいよ！」

そうですね。知識の解説はこれくらいにして、実際の映像を見てもらいましょうか。

ここでは、絶賛された『お遊さま』の導入部を題材にして、「映画の見方」について踏み込んで解説していくことにします。

『お遊さま』は、谷崎潤一郎の小説『芦刈』を映画化したもので、溝口が国際的な注目

を浴びる前に撮られた作品です。

シーン1

映画は、主人公の慎之介（堀雄二）がお見合いをするシーンから始まります。

結婚相手の理想が高すぎる慎之介は、それ以前のお見合いをすべて断っていました。

今回のお見合い相手を待つ間、慎之介が庭を散策していると、目の前に相手の一行があらわれます。先頭を歩く女性にすっかり一目惚れした慎之介は、呼びにきたおばに対して「こういう人を紹介してもらわないと」とすっかり満足気です。

ところが、彼が目を奪われていた先頭の女性はお見合い相手ではなく、その姉のお遊（田中絹代）だったのです。彼女は妹・お静（乙羽信子）の縁談が心配で付き添いにきていただけでした。いかにも少女漫画に

図3-5

図3-5〜3-10『お遊さま』 溝口健二監督、1951年（DVD、KADOKAWA、2017年）

ありそうなベタベタなメロドラマ的設定ですが、この事態を描き出す溝口の手腕は冴えに冴えています。

まずは**図3-5**を見てください。これは冒頭近くのショットで、主人公のお見合い相手の一行が屋敷の門をくぐったところです。

先頭の女性がお遊で、二番目の女性がお静なのですが、服装を見ればどちらが見合い相手なのかわかりそうなものです。それでは、なぜ慎之介は勘違いしてしまったのでしょうか。溝口は、この疑問を的確な画面構成で解消してくれます。

図3-6は、**図3-5**から数秒が経過した時点の画面です。お静の姿がお遊と重なって見えなくなっていることがわかりますね。実はこのあと一行が慎之介の前を通過するまで、お静の姿は見えないままになっている

図3-6

のです。

シーン2

図3-7は一行が慎之介と出会う場面です。

手前に慎之介、奥に見合い相手一行を配置しているのですが、お静は従者の陰に隠れてしまっています。このあとにあらわれるショット（**図3-8**）は、慎之介の視点ショットと見なしてよさそうなカメラ位置から捉えられていますが、ここでもやはりお静の姿は従者と重なっていて見えません。

つまり、出会いの場面において、お静は文字どおり慎之介の眼中になかったわけです。

お遊が慎之介にとって理想的な女性であり、その姿に見とれてしまったという事態は、こうした画面構成上の工夫によって説得的に描き出されているのです。

静止画像を提示しただけではすごさが伝わりづらい

図3-7

かもしれませんが、じっさいに映像で見るとその撮影と編集が完璧の域に達していることが理解できると思います。

シーン3

慎之介の意識が終始お遊に向いていることは、お見合いのシーンの巧みな構成からもうかがえます。このシーンでは、慎之介は一方的にお静のことを見ることができる位置に座っています。

お静のクロース・アップ（**図3-9**）に慎之介のショット（**図3-10**）がつながれているので、普通であれば慎之介がお静を見つめているのだと解釈できます。ところが、ショットが切り替わった瞬間、慎之介はうつむていいてお静の方を見ていないのです。このあと慎之介は一瞬視線を上げてお静の方を一瞥しますが、すぐ

図3-8

にまたうつむいてしまいます。

次のショットは慎之介のおばと談笑しているお遊の姿を映し出します。

慎之介が顔を上げるショットに続いて、お遊を中心に置いたショットが続くことで、一瞬、あたかもそれが慎之介の見ているものであるかのような錯覚を与えます。

このときお遊は慎之介の背後にいるのでそれは物理的にありえないのですが、「お遊さまのことを見ていたい」という慎之介の密かな欲望が空間を捻じ曲げていると考えれば、むしろ理にかなっているとさえ言えそうです。

じっさい、この場面でお遊は、慎之介のおばから彼が見合い相手を勘違いしていたことを伝えられています。「一生懸命見てたんやそうです」というおばのセリフは慎之介の欲望を代弁しています。

図3-9

そもそも、お静のクロース・アップを慎之介の視点ショットのように見せるためには、慎之介のショット↓お静のショットの順番で提示するのが自然です。

ですが映画では、座っているお静の全身を捉えたショット↓お静のクロース・アップ（**図3-9**）↓慎之介のショット（**図3-10**）になっています。わざわざお静の姿を見せるためのショットを2つも挿入していながら、慎之介がそれをろくに見ていないことを強調しているかのようです。

このあとのシーンでも、三角関係を描く溝口の手際は冴え渡っています。

『お遊さま』は、溝口健二の映画のなかでは比較的マイナーな作品ですが、私は見どころに溢れた傑作だと思っています。アクセスしやすい作品なので、ここで紹介した細部に注目してぜひ鑑賞してみてください。

図3-10

Homework

1

140-141ページで紹介した黒澤明監督作品を見よう!

2

有名なオマージュの事例について調べてみよう!

3

ヌーヴェル・ヴァーグと溝口映画に共通するストーリー展開や人物描写を見つけよう!

4

161ページからを参考に、『お遊さま』の導入シーンを見よう!

第4講

Chapter 4

絵画のように映画を見る
――人間の真実を描いた
小津の『東京物語』

国際的な評価が急上昇した小津映画

「『お遊さま』の分析、おもしろかったです！　溝口健二の完璧主義ぶりがよくわかりました。イトウ先生の研究対象である小津安二郎の映画も詳しく教えてよ」

では、第4講では小津映画を取り上げることにしましょう。

まずは例によって、小津の生涯と功績を紹介させてください。

小津安二郎は、おそらく古典期の日本映画のなかで世界的に最も知られている監督です。もちろん黒澤明や溝口健二も世界的な監督ですが、小津映画の国際的な評価はここ20〜30年ほどのあいだに急激に高まりました。

このことを端的に示しているのが、イギリスの映画雑誌『サイト・アンド・サウンド』が主催している「史上最も偉大な映画」の投票結果です。

小津安二郎 *Yasujiro Ozu (1903-1963)*

小津安二郎は1903年12月12日に生まれ、1963年12月12日に亡くなりました。還暦の誕生日が命日となったのです。北鎌倉の円覚寺にある小津の墓には「無」の一文字が刻まれています。十干十二支を一巡りして彼岸へと渡った小津の人生を的確にあらわしているように思います。

＊十干十二支：十干は甲・乙・丙・丁・戊・己・庚・辛・壬・癸の10種類からなり、十二支は子・丑・寅・卯・辰・巳・午・未・申・酉・戌・亥の12種類。それぞれの組み合わせが60通りになることから還暦の意を表す。

イギリス映画雑誌
『サイト・アンド・サウンド』
「史上最も偉大な映画」歴代ランキング

批評家部門

「世界の映画通が選んだ名作がズラリ!」

2012年版

1 **『めまい』**
（アルフレッド・ヒッチコック監督、1958年）

2 **『市民ケーン』**
（オーソン・ウェルズ監督、1941年）

▷ 3 **『東京物語』**
（小津安二郎監督、1953年）

4 **『ゲームの規則』**
（ジャン・ルノワール監督、1939年）

5 **『サンライズ』**
（F.W.ムルナウ監督、1958年）

6 **『2001年宇宙の旅』**
（スタンリー・キューブリック監督、1968年）

7 **『捜索者』**
（ジョン・フォード監督、1956年）

8 **『カメラを持った男』**
（ジガ・ヴェルトフ監督、1929年）

9 **『裁かるるジャンヌ』**
（カール・Th・ドライヤー監督、1927年）

10 **『8 1/2』**
（フェデリコ・フェリーニ監督、1963年）

2002年版

1 **『市民ケーン』**
（オーソン・ウェルズ監督、1941年）

2 **『めまい』**
（アルフレッド・ヒッチコック監督、1958年）

3 **『ゲームの規則』**
（ジャン・ルノワール監督、1939年）

4 **『ゴッドファーザー、ゴッドファーザー2』**
（フランシス・フォード・コッポラ監督、1972.1974年）

▷ 5 **『東京物語』**
（小津安二郎監督、1953年）

6 **『2001年宇宙の旅』**
（スタンリー・キューブリック監督、1968年）

7 **『戦艦ポチョムキン』**
（セルゲイ・エイゼンシュタイン監督、1925年）

7 **『サンライズ』**
（F.W.ムルナウ監督、1927年）

9 **『8 1/2』**
（フェデリコ・フェリーニ監督、1963年）

10 **『雨に唄えば』**
（ジーン・ケリー、スタンリー・ドーネン監督、1952年）

1992年版

1 **『市民ケーン』**
（オーソン・ウェルズ監督、1941年）

2 **『ゲームの規則』**
（ジャン・ルノワール監督、1939年）

▷ 3 **『東京物語』**
（小津安二郎監督、1953年）

4 **『めまい』**
（アルフレッド・ヒッチコック監督、1958年）

5 **『捜索者』**
（ジョン・フォード監督、1956年）

6 **『アタラント号』**
（ジャン・ヴィゴ監督、1934年）

6 **『裁かるるジャンヌ』**
（カール・Th・ドライヤー監督、1928年）

6 **『大地のうた』**
（サタジット・レイ監督、1955年）

6 **『戦艦ポチョムキン』**
（セルゲイ・エイゼンシュタイン監督、1925年）

10 **『2001年宇宙の旅』**
（スタンリー・キューブリック監督、1968年）

1982年版

1『市民ケーン』
（オーソン・ウェルズ監督、1941年）

2『ゲームの規則』
（ジャン・ルノワール監督、1939年）

3『七人の侍』
（黒澤明監督、1954年）

4『雨に唄えば』
（ジーン・ケリー、スタンリー・ドーネン監督、1952年）

5『8 1/2』
（フェデリコ・フェリーニ監督、1963年）

6『戦艦ポチョムキン』
（セルゲイ・エイゼンシュタイン監督、1925年）

7『アタラント号』
（ジャン・ヴィゴ監督、1934年）

7『偉大なるアンバーソン家の人々』
（オーソン・ウェルズ監督、1942年）

7『めまい』
（アルフレッド・ヒッチコック監督、1958年）

10『キートン将軍』
（バスター・キートン、クライド・ブルックマン監督、1927年）

10『捜索者』
（ジョン・フォード監督、1956年）

1972年版

1『市民ケーン』
（オーソン・ウェルズ監督、1941年）

2『ゲームの規則』
（ジャン・ルノワール監督、1939年）

3『戦艦ポチョムキン』
（セルゲイ・エイゼンシュタイン監督、1925年）

4『8 1/2』
（フェデリコ・フェリーニ監督、1963年）

5『情事』
（ミケランジェロ・アントニオーニ監督、1960年）

6『仮面／ペルソナ』
（イングマール・ベルイマン監督、1967年）

7『裁かるるジャンヌ』
（カール・Th・ドライヤー監督、1928年）

7『キートン将軍』
（バスター・キートン、クライド・ブルックマン監督、1927年）

9『偉大なるアンバーソン家の人々』
（オーソン・ウェルズ監督、1942年）

10『雨月物語』
（溝口健二監督、1953年）

10『野いちご』
（イングマール・ベルイマン監督、1957年）

1962年版

1『市民ケーン』
（オーソン・ウェルズ監督、1941年）

2『情事』
（ミケランジェロ・アントニオーニ監督、1960年）

3『ゲームの規則』
（ジャン・ルノワール監督、1939年）

4『グリード』
（エーリッヒ・フォン・シュトロハイム監督、1924年）

4『雨月物語』
（溝口健二監督、1953年）

6『戦艦ポチョムキン』
（セルゲイ・エイゼンシュタイン監督、1925年）

6『自転車泥棒』
（ヴィットーリオ・デ・シーカ監督、1948年）

6『イワン雷帝』
（セルゲイ・エイゼンシュタイン監督、1943、1946年）

9『揺れる大地』
（ルキノ・ヴィスコンティ監督、1948年）

10『アタラント号』
（ジャン・ヴィゴ監督、1934年）

1952年版

1『自転車泥棒』
（ヴィットーリオ・デ・シーカ監督、1948年）

2『街の灯』
（チャールズ・チャップリン監督、1930年）

3『黄金狂時代』
（チャールズ・チャップリン監督、1925年）

4『戦艦ポチョムキン』
（セルゲイ・エイゼンシュタイン監督、1925年）

5『イントレランス』
（D・W・グリフィス監督、1916年）

6『ルイジアナ物語』
（ロバート・フラハティ監督、1947年）

7『グリード』
（エーリッヒ・フォン・シュトロハイム監督、1924年）

7『陽は昇る』
（マルセル・カルネ監督、1939年）

9『裁かるるジャンヌ』
（カール・Th・ドライヤー監督、1928年）

10『逢びき』
（デヴィッド・リーン監督、1945年）

10『ル・ミリオン』
（ルネ・クレール監督、1931年）

10『ゲームの規則』
（ジャン・ルノワール監督、1939年）

この企画は10年に1度だけ行なわれていて、直近の2012年の投票では小津の**『東京物語』**（1953年）が監督部門（世界の映画監督たちの投票によって決まる部門）の第1位に選ばれました。さらに批評家部門では、1992年から上位にランクインしています。

ちなみに黒澤の作品は『七人の侍』が両部門で17位、『羅生門』が監督部門で18位、批評家部門で26位でした。

監督部門の過去の結果を見ると、1992年には『羅生門』と『七人の侍』が同率10位、2002年に『七人の侍』が9位にランクインしていましたが、小津の作品はトップ10圏外です。それが2012年の投票で一躍、世界一に躍り出たのです。

こうしたランキング以外にも、小津の評価を伝え

イギリス映画雑誌
『サイト・アンド・サウンド』
「史上最も偉大な映画」歴代ランキング

監督部門

2012年版

▷ 1 **『東京物語』**
（小津安二郎監督、1953年）

2 **『2001年宇宙の旅』**
（スタンリー・キューブリック監督、1968年）

3 **『市民ケーン』**
（オーソン・ウェルズ監督、1941年）

4 **『8 1/2 』**
（フェデリコ・フェリーニ監督、1963年）

5 **『タクシードライバー』**
（マーティン・スコセッシ監督、1976年）

6 **『地獄の黙示録』**
（フランシス・フォード・コッポラ監督、1979年）

7 **『ゴッドファーザー』**
（フランシス・フォード・コッポラ監督、1972年）

7 **『めまい』**
（アルフレッド・ヒッチコック監督、1958年）

9 **『鏡』**
（アンドレイ・タルコフスキー監督、1974年）

10 **『自転車泥棒』**
（dヴィットリオ・デ・シーカ監督、1948年）

るエピソードは枚挙《まいきょ》に暇《いとま》がありません。

『東京物語』に出演していた東山千栄子は、映画の公開から10年後の1963年にヨーロッパを旅行した際、ローマで50代半ばの紳士に声をかけられたそうです。

その紳士は「日本の女優ではないか、『東京物語』で記憶しているのだが……」と言ってきたということです。[1] 1963年といえば小津が亡くなった年です。小津の再評価が進むのはそのあとのことですが、ヨーロッパにはすでに作品のファンが存在していたのですね。


3本の小津映画に撮影助手として参加したことのある兼松《かねまつ》熈《き》太郎《たろう》さん（日本映画撮影監督協会・元理事長）にインタビューをした際には、こんなエピソードを話してくれました。

兼松さんがローマのチネチッタで開催されたヨーロッパ30数ヶ国の撮影監督の集まりに参加した際、「小津映画に撮影助手として参加していた」と紹介されると、その場にいた全員が立ち上がって拍手をしてくれたそうです。

小津がいかにヨーロッパで尊敬されているかを如実に示すエピソードをうかがえて、一人の小津映画ファンとして私まで誇らしい気持ちになりました。

ビジネスの場で話題に上ることも？

『東京物語』の助監督についていた高橋治も、後年ヨーロッパで経験した出来事を紹介しています。高橋はのちに小説家に転向し、1984年に『秘伝』で直木賞を受賞しました。

文化庁の在外研修員としてパリに派遣されていた高橋は、1973年にシネマテーク・フランセーズで『東京物語』が上映された際、親しくしていた映画好きのグループの人々と一緒に鑑賞することになります。

高橋が『東京物語』に助監督として関わっていたことを知っていた仲間たちは、上映後に高橋を囲んで次々に賛辞のコメントを述べ立てます。

「あの傑作をわが人類に与えた歴史の証人へ、心からの嫉妬と私たちの感動を捧げる」
「あの見事なスタイル、その独自性!!」
「人生の虚無を見事な詩にした」
「静謐《せいひつ》の底に息づいている躍動感[2]」

その数年後、高橋がスタンフォード大学フーバー研究所に招かれてアメリカに滞在していた際には小津について講演する機会が二度あり、いずれの機会にも質問が集中して、演壇を下りた高橋を学生がとり巻いたということです。

私自身もベラルーシで同様の経験をしたので、その熱量がよくわかります。小津映画には、はじめて見た人々を饒舌《じょうぜつ》にさせる何かがあるのです。

「へ〜スゴイや。野球選手やミュージシャンではなく、映画監督がこんなに賞賛されるなんて。同じ日本人として誇らしいや」

さて、世界的に知られているということは国際的なビジネスの場で話題に上る可能性が高いことを意味します。

相手が教養を備えたビジネスパーソンであれば、日本人と取り引きするにあたって日本映画の古典くらいは当然チェックしていることでしょう。せっかく相手がその話題を振ってくれても、こちらが見ていなければ話を合わせられません。

だからといって、単に映画を見ていればそれでいいということでもありません。海外の方は、日本映画について日本人のあなたに次のようなさまざまな質問を投げかけてくるでしょう。

「『七人の侍』に出てくる〝野武士〟はどういう種類の武士なんだ？　『用心棒』の三十郎のような〝浪人〟とは違うのか？」

「そもそも〝侍〟と〝武士〟は同じものなのか？」

「『東京物語』の紀子のように義理の両親に尽くすのは、日本では一般的なことなのか？」

映画に限りませんが、このような場では自国の文化や歴史を深く理解していることが求められるのです。

娯楽性と芸術性の両立——人間性の根源を問う「オナラ」映画

「世界的に高すぎるほどの評価を集めている小津安二郎には、どうも厳格な『巨匠』のイメージがつきまといます」

無理もないでしょう。じっさい、小津の作品を見たことがない人は高尚な芸術映画のように考えて敬遠している節があります。ですが、それはあまりにもったいない思い込みです。

小津映画を1本でも見たことがあれば、それがとんでもない勘違いであることがすぐにわかります。

もともと小津の映画は興行的にかなり成功していました。

つまり、同時代の多くの観客を惹《ひ》きつけ、楽しませることができる娯楽映画だったということです。

小津が偉大な芸術家であるとすれば、それは難解な芸術映画を撮ったからではなく、誰にでもわかる内容の映画を他の誰にも真似できないユニークなやり方で撮ったからにほかなりません。

誰もが思わず笑ってしまうような娯楽映画であることと、超一流の芸術作品であることとを両立させてしまったのが小津のすごさなのです。

たとえば、第3講で劇中のセリフを引用した『**お早よう**』（1959年）は、なんと「オナラ」についての映画です。

『お早よう』
（小津安二郎監督、1959年）

『お早よう』は、哲学者で武道家の内田樹が初めて見た小津映画だったそうです。「こんなに面白い映画を見たのは生まれてはじめてだ」と思った内田は「その翌日から小津の映画を探して東京中の映画館を歩き回った」結果、「三年ほどでほぼすべての小津映画を見尽くした」と語っています[3]。

しかも「オナラ」についての映画でありながら、同時に人間性の根源を問う映画にもなっているのです。人間にとって言葉とは何か、あいさつや儀礼とは何なのか。小津は抱腹絶倒のコメディ映画を通してそうした問いに形を与えてしまいます。

私が初めて見た小津映画は『**秋日和**』（1960年）でしたが、これまでに見たどんな映画とも違うと感じました。その異質さにすっかり魅了され、片っぱしから小津の映画を見ているうちに「この人の作品には、一生をかけて研究するだけの価値がある」と確信するに至り、映画研究の道に進んだというわけです。

人生には「運命の1本」と呼べるような映画との出会いがあるものです。一回見ただけでは受け止めきれないほどの衝撃を与えてくれる映画は、折に触れて何度も見直すことになるでしょう。20歳で初めて見たときにはわからなかったことが30歳、40歳になって見直したときにすっと腑《ふ》に落ちることがあります。

一生をかけて付き合い続けることのできる映画との出会いはそうそうあるものではありません。ですが、そうした作品と出会えた人は幸福です。そんな映画と出会うと、それまでとは世界の見え方が変わってきます。心の拠り所となるような作品の存在は、その人を強くしてもくれます。

私の場合は、それが小津映画でした。
ぜひみなさんにも「運命の1本」と出会い、その映画について考え続ける幸福な人生を経験してほしいと思います。

間違い探しの映画

「運命」だのなんだのと少々ロマンチックなことを言い過ぎてしまったかもしれませんが、もちろん、小津の作品が娯楽映画であるのは間違いありませんので、何も考えずに気軽に見ても楽しめることでしょう。

ですが、その底知れなさを十分に堪能するためには、わずかな違いを鋭敏に察知することのできる感受性が求められます。

そもそも小津映画はタイトルからして紛らわしいものが多いのです。
たとえばタイトルに「東京」が入るものは、『東京の合唱』『東京の女』『東京の宿』『東京物語』『東京暮色』の5本あります。

季節に関係したものだと、『晩春』『麦秋』『早春』『秋日和』あたりはタイトルと内容が一致していない人も多いかもしれません。『晩秋』という存在しない小津映画のタイトルを記している文章を目にしたことさえあります。

いずれも「秋」が入っている『秋日和』『小早川家の秋』『秋刀魚の味』は日本語だと容易に区別できますが、英題にすると込み入ってきます。

『秋日和』はLate Autumnで、『秋刀魚の味』はAn Autumn Afternoonです。The End of Summerの『小早川家の秋』はさすがに間違わないだろうと思いきや、『麦秋』の英題がEarly Summerだったりするのです。こちらも、タイトルを誤って翻訳している本を見かけたことがあります。

「タイトルから内容が想像つきにくいわ」

似たようなテーマが繰り返し描かれるのも特徴で、『晩春』『麦秋』『秋日和』『彼岸花』『秋刀魚の味』はいずれも「娘の結婚」をめぐる話です。

登場人物の名前も同じものが何度も使われています。平山、間宮といった苗字は小津映画におなじみのものですし、周吉という名前もよく出てきます。娘役だと紀子や節子が頻出です。おまけに演じる俳優も毎回同じようなメンバーなのです。各映画のエピソードやあらすじを混同しても責められないでしょう。

小津映画のオールナイト上映を見に行って途中で眠ってしまった人が、起きたときに何本目の作品なのかわからなくなったという笑い話もよく耳にします。同じ俳優が同じように抑揚を欠いたセリフで娘の結婚について話しているので、作品が変わっていてもすぐには気づけないというわけです。

似たようなテーマを繰り返し取り上げる小津の姿勢は、同時代の批評家や若手の監督たちからもたびたび疑問視されていました。それに対して小津は自身を「トウフ屋」になぞらえて煙《けむ》に巻くのを常にしていました。

いつも同じような作品だと人にいわれるがわたしは自分をトウフ屋だと思っている。トウフ屋では焼ドウフ、ガンモドキ、アブラアゲしか出来ない。トウフ屋にシチューやトンカツをつくれといってもムリだ。それはトンカツ屋にまかせればいいので、サシミとトンカツが並んでいるような店は大ていうまくない。だからデパートの食堂はまずいんだよ。[4]

また、別の機会には「トウフ屋」の例を挙げたあとで「ひとには同じように見えても、僕自身はひとつひとつに新しいものを表現し、新しい興味で作品に取りかかっているのです。何枚も同じバラを描きつづけている画家といっしょですよ」と答えています。

テーマやタイトルが似ていても、微妙に違う。
それが新しさでありクリエイティブになる。

コメンタリー
小津映画に反映された「絵画性」

ちなみに、ここで小津が「何枚も同じバラを描きつづけている画家」として念頭に置いていたのは、たとえば画壇の重鎮だった梅原龍三郎（1888-1986）だと思われます。

小津は当時の有名な画家たちと交流があり、自作のなかに彼らの本物の絵画を登場させていました。

『日本経済新聞』の美術特集欄「美の美」で小津を取り上げた古賀重樹は「晩年のカラー作品は戦後日本の名画の宝庫でもある」と述べています。[6]

梅原のバラの絵は『秋日和』でじっさいに使用されています。

原節子の背景に掛けられているものがそうです（**図4-1**）。その隣に座っている娘役の司葉子の背後には山口蓬春（1893-1971）の椿の絵が見えています（**図4-2**）。古賀はこの2枚の絵画について「艶やかな母と清楚な娘を象徴するかのよう」であると指摘しています。[7]

このように、単に有名画家の絵画を画面内に取り入れるだけでなく、それが作中の設定と精妙にリンクしているのも小津映画の魅力です。

『秋日和』をめぐる雑誌の座談会で小津は梅原と同席しており、その際には絵画を使用したことを明言しています。

この座談会には小津が心酔していた小説家の志賀直哉（1883-1971）も参加しています。

小津は画廊や美術展に足繁く通っていました。『東京物語』の準備に取りかかっていた時期の1953年6月13日の日記には「弥生画廊にて　梅原竜（ママ）三郎近作展を見る　十点程　バラと果物まことによし」という記述が残されています。[8]

図4-2

図4-1

図4-1, 4-2　『秋日和』　小津安二郎監督、1960年（DVD、松竹、2013年）

2枚の画像の違いは？

さて、先ほど引用した文章のなかで小津自身も述べているように、どんなに似ていてもそれぞれの作品には独自の魅力があります。見る人が見れば、たった1枚の静止画だけでもそれがどの作品のどの場面か言い当てることができるでしょう。小津の映画は一つひとつのショットにすさまじい強度があるからです。

その違いに気づけるようになるためのレッスンとして、まずは次の2つの画像を見比べてみてください。いずれも『東京物語』からとってきたものですが、2つの画像の違いがわかるでしょうか？（**図4-3、4-4**）。

大学の授業で小津を取り上げる際には、学生に同じ質問を投げかけています。2枚の画像を横に並べてしまうとその違いにすぐに目がいってしまいますが、スライドショーの間に白紙のページを挟むと初見ではほぼ判別できません。

図4-3

図4-3〜4-16 『東京物語』 小津安二郎監督、1953年（DVD、松竹、2013年）

図4-4

「え、何が違うのかさっぱりわからないや。はやく答えを教えてください！」

実は左から二番目の女性が原節子から香川京子に入れ替わっています。

義父を呼びに行くために原節子が席を立ったあと、縁側から香川京子がスーッと入ってきてその空白を埋めるのです。

『東京物語』は何十回となく見た映画ですが、このシーンに差し掛かると毎回鳥肌が立ちます。すべての小津映画のなかでもっとも残酷な瞬間と言ってしまってもいいかもしれません。

「これだけでは、何が残酷なのかさっぱりわかりませんよ」

これがなぜ残酷なのかを理解するためには、作品全体の流れを押さえておく必要があります。

この問題には、『東京物語』の分析を一通り終えたあとに再び立ち戻りたいと思います。『東京物語』を見たことがないという方は、じっさいに自分の目で見て、その理由を考えてもいいかもしれません。

映画の基本文法を巧妙にずらす

小津映画には際立った特徴がいくつもあります。わかりやすいところで言えば、カメラがほとんど動かないこと（固定カメラ）、カメラ位置が低いこと（ローポジション）、ショットとショットをカットのみでつないでいること（カットつなぎ）などが挙げられます。

図4-1、**4-2**に見られるように、会話場面で人物をほぼ正面から撮ったショットを多用するのも大きな特徴です。

一般的な映画ではこのような撮り方はしません。第2講で説明した「180度システム」にのっとり、普通は人物を斜めから捉え、編集でつないだときに会話している人物同士が向かい合って見えるようにします。小津はそのルールに従わなかったのです。

人物の正面ショットを切り返していくことで、小津映画の独特なリズム感が生まれています。

このようにきわめて独創的なスタイルをもっていることも、内外の映画人から高い評価を受ける理由の一つです。

ここで注意しておくことがあります。

第3講で、「原則があるから例外が認識できる」という話をしました。これは映画の場合も同様です。

素人が適当に撮った映画は独創的なのではなく、多くの場合、たんに粗雑な印象を与えるだけです。ルールを知らず好き勝手に撮るのと、知っていてあえてそこから外れるのとはまったく違います。

映画には基本的な撮り方があります。

それを洗練の域にまで高めたのが古典的ハリウッド映画でした。小津の独創性は、古典的ハリウッド映画を特徴づける諸コードをあえて無視して独自のルールをつくり出した点にあります。

「効率的な語り（語りの経済性）」を目指す古典的ハリウッド映画は、各種の技法をそのために動員しています。一方、小津はそうした技法を念頭に置きながらもそれらを巧妙にずらしていきます。それによって生じる映画的な「余白」が見る者を感動させるのです。

一般的な映画においては、新たなシーンが始まる際に「エスタブリッシング・ショット（状況設定ショット）」と呼ばれるショットが置かれます。

たとえば、学校が主要な舞台となるシーンであれば、生徒たちが登校する様子を捉えたショットや、学校の外観を写したショットから始まることが多いでしょう。

「アニメでも、自宅シーンでは家、朝になると太陽が昇るシーンが挿入されてるわ」

小津もエスタブリッシング・ショットに相当するものを多用していますが、その使い方が一般的な映画とは異なるのです。

内外の批評家や研究者もその機能に注目しており、「移行ショット」「枕ショット」「カーテン・ショット」「エンプティ・ショット」など、さまざまな呼び方をしていますね。

エスタブリッシング・ショットの目的は状況を効率的に伝えることです。ですが、小津のエスタブリッシング・ショットはそれ以上の役割を果たしているのです。

リズムを生み出し、伏線を敷く「冒頭ショット」

では、『東京物語』を例にその特異性を見ていきましょう。

シーン1

この映画ではオープニング・クレジットのあと、主要な人物があらわれるまで実に5つのショットを費やしています。5つのショットの内容は次の通りです。

図4-5

①画面の前景に石灯籠《いしどうろう》が配置され、その奥に桟橋と尾道水道（瀬戸内海）、そこを航行する船が見えるショット。（**図4-5**）
②登校中の小学生たち。（**図4-6**）
③画面中央を横切っていく列車。
④③の反対側から走行中の列車をアップで捉えたショット。（**図4-7**）
⑤浄土寺の全景。

「うわっ。ショット数が多すぎるや！」

普通の映画であれば、主要な登場人物を導く前に5つものショットを費やしたりはしません。効率が悪すぎるからです。ここではせいぜい①と⑤の2つか、あるいは⑤だけで十分に思えます。

図4-6

そもそもこの映画に関する事前情報がなかった場合、①のショットの時点で後景に見えているのが尾道水道だと明確にわかる観客は少数派でしょう。この場所が尾道であることは、6番目のショットではじめて画面上にあらわれる老夫婦の会話で事後的に明かされます。

一見しただけではどこなのかよくわからないショットは、小津映画に散見されます。場所の情報を観客に効率よく伝えるというエスタブリッシング・ショットの役割を果たしていないのです。

くわえて、風景のショットが多すぎる点も効率性を度外視していると言えます。現代の観客なら早送りしたくなるところかもしれません。ですが、そうしてしまうと、この映画の豊かさを汲みつくすことは絶対にできません。

図4-7

「『東京物語』冒頭の5つのショットは、たんに映画を冗長にしているだけじゃないの？」

決してそんなことはありません。

冒頭に置かれているこれらのショットは、映画の基調となるリズムを生み出すと同時に、のちのシーンと対応することで伏線としても機能しているのです。

その意味で、むしろ場所を明示する以上の、ストーリー展開と密接に関連した深い意味を帯びています。

シーン2

実は映画の後半には、冒頭の各ショットに対応するようなショットが置かれています（**図4-8**、**4-9**、**4-10**）。

それぞれのショットは、後半に再びあらわれる際に少しずつ差異を伴っています。

図4-5と**図4-8**は、一見するとまったく同じに見え

図4-8

るかもしれませんが、れっきとした別のショットです。いずれも朝のシーンにあらわれますが、後半のショット（**図4-8**）の方が石灯籠の影が濃く、より早い時間帯であることがわかります。

　また、後景の尾道水道を航行する船の進行方向が逆になっています。さらによく見ると、石灯籠のすぐ後ろに停泊している船のマストの隠れ方が違っています。

　それに比べると、**図4-6**と**図4-9**の違いは明瞭ですね。後半のショットからは冒頭に存在していた登校中の小学生の姿が消えています。小学生が登校する前の早朝の時間帯であることがわかります。

　また、前景に置かれていた木製の手押し車と二本の瓶もなくなっています。

　ちなみに、相似形を好んだ小津は、しばしばここで見られるような大きさの異なる瓶を画面内に登場させ

図4-9

ました。

ぴったり寄り添うように置かれた大きさの違う二本の瓶は、さながら夫婦茶碗ならぬ夫婦瓶とでも呼びたくなる佇《たたず》まいをしていますが、それが片付けられていることは象徴的です。

なぜなら**図4-9**のショットは、ある登場人物が亡くなった朝のシーンにあらわれるものだからです。

かつてそこに存在していたものがきれいに取り払われ、空っぽの空間が残されること。

実は、それはこの作品のテーマそのものです。この二つのショットは、単に時間帯の違いを示すだけでなく、映画のテーマを体現しているのです。

空っぽの空間への移行は線路のショットにも言えることです。**図4-7**のショットで画面を勢いよく疾走して行った列車の姿は**図4-10**からは消え去っています。

図4-10

冒頭では、列車の走行によって起こされた風で画面手前の洗濯物がひるがえっていましたが、風の原因がなくなったことでその動きも消えています。

列車が運行していない早朝の時間であることを示すと同時に、ここでは「空っぽであること」そのものが強調されているのです。

さらに、映画の終盤にはもう一度空っぽの線路があらわれます（**図4-11**）。

こちらは昼間のシーンにあらわれるものですので、先ほどのショットに立ち込めていた朝靄《あさもや》は晴れており、清澄な大気が捉えられています。一度目と二度目の線路は映画の本筋とは直接関係のない風景のショットでしたが、三度目は東京に帰る登場人物を乗せた列車が走り去ったあとにあらわれます。

小津は、物語とは無関係だと思われていたものの立

図4-11

ち位置を精妙にずらして本筋に組み込む手腕にも長《た》けていました。

かつてそこに存在していた人やモノが消え去ると、あとには空っぽの空間、すなわち余白が残されます。この余白こそが小津映画の真骨頂なのです。

余白から何を読みとるか

余白というのは、文字どおりの意味です。

小津の特徴的な技法は、映画に余白を呼び込むためのものだったと言っても過言ではないかもしれません。

たとえば、戦後の小津はほとんどカメラを動かしませんでした。

一般的な映画であれば、必要に応じてパン（カメラを左右に振ること）やティルト（カメラを上下に振ること）、レールやクレーンを用いた移動撮影を行ないますが、小津は固定カメラにこだわりました。

その際、俯瞰《ふかん》（見下ろすような角度）や仰角《ぎょうかく》（見上げるような角度）のショット・

アングルは採用せず、低いカメラ位置（ローポジション）からほぼ水平のアングルで被写体を撮影したのです。これによって何が描けるようになるのか。

シーン3

図4-12と**図4-13**を見てください。これはそれぞれ『東京物語』の冒頭と末尾にあらわれるショットです。

ほぼ同様の構図で撮られたこの二つのショットには、一見してわかる決定的な違いがあります。

『東京物語』はこの違いが発生するまでの過程を描いた作品と言ってもいいくらいです。

映画の冒頭、老夫婦（笠智衆〈右〉、東山千栄子〈左〉）は旅の支度をしています（**図4-12**）。尾道（広島県）に暮らすこの二人は、東京で自活している子どもたちのもとを訪ねるべく準備を進めているのです。

図4-12

東京には長男（山村聰）と長女（杉村春子）がおり、それぞれ町医者と美容室を営んでいます。久方ぶりの両親との再会を喜び、歓待する子どもたちですが、自分たちの生活にかまけて次第に両親を邪険に扱うようになります。そんななか、戦死した次男の妻・紀子（原節子）だけが真心をもって接してくれます。

実の子どもたちは必ずしも両親を疎《うと》ましく思っているわけではないのですが（本人たちとしては精一杯相手をしているつもりなのです）、仕事に追われてついつい対応を後回しにしてしまいます。

自分たちが歓迎されていないことは老夫婦にも伝わってしまいます。ですが、表立って子どもたちを詰《なじ》るようなことはしません。あくまで満足した様子を見せながら、予定を早めに切り上げて帰途につくことにします。

尾道に帰り着いてすぐ、老母が倒れ、昏睡状態に陥ります。彼女の意識が回復することはなく、危篤の知らせを受けて駆けつけた子どもたちに見守られながら息を引き取ります。母の死を悲しむ子どもたちですが、葬式が終わるとあとのことを紀子に任せて、早々に東京へと戻ってしまいます。

自分の仕事を後回しにして甲斐甲斐しく身の回りの世話をしてくれた紀子に対し、老父は心からの感謝を伝えます。

紀子が東京へ帰ったあと、一人ぽつねんと取り残された老父は、その背に「余白」を感じながら余生を過ごすことになるのでしょう（**図4-13**）。

ローポジションに据えられた小津の固定カメラは、その余白を残酷なまでにくっきりと浮かび上がらせます。説明的なセリフなど一切用いなくとも、周到に同じ構図を反復しつつそこに致命的な差異を生じさせることで、小津は一人の老人が抱える孤独と哀しみを見事に描き切ってみせたのでした。

日常に潜む美しさと残酷さ

さて、『東京物語』の分析をひととおり終えたところで、先ほど紹介した「間違い探し」に立ち戻ることに

図4-13

しましょう。

ここまでの分析から、『東京物語』が余白を生み出す映画であることはおわかりいただけたと思います。

その余白は「老母の死」を契機としていました。老父は妻の死によってその背に空白を抱えることになったわけですが、子どもたちにとってはどうでしょうか。

シーン4

次の画像をご覧ください（**図4-14**）。

これは**図4-12**の直後の場面です。老夫婦と同居する末の娘（香川京子）の姿が母親と重なってしまっています。小道具の位置に数センチ単位でこだわり、俳優の一挙手一投足を厳格に管理していた小津が、うっかり画面内で登場人物を重ねたとは思えません。

それでは、なぜこのような構図を採用したのか。

〝母親が存在することで娘のための空間が奪われてい

図4-14

ることを示唆している〃というのが私の考えです。

もちろん、母親にそのような自覚はありません。また、娘は両親思いの心の優しい人物として描かれており、ほかの兄姉のように母親を邪険に扱うこともありません。

しかし、そうした双方の思惑とはまったく関係なく、物理的に限られた空間のなかでは2人が同時に存在することができないのです。

図4-15は母親の亡骸《なきがら》を前にして悲しみにくれる末娘のショットです。母親が仰臥していることで、皮肉にも娘のための空間が用意されているのです。

この前提を踏まえたうえで、再び**図4-3**と**図4-4**を見てください。

いずれのショットも画面内には亡くなった母親を含めて5人の人物がいます。この構図で生きている4人

図4-15

全員の顔が見えるようにするためには、母親を寝かせておくしかないのです。

この空間にさらに新たな人物を招き入れようと思ったら、誰か一人がこの場からいなくならなければなりません。じっさい、映画では義理の娘がその場を立つことで、末の娘のための空間が確保されたわけです。

このささやかな入れ替わりは映画の終盤で決定的なものとなります。

葬式を終えたあと、義理の娘はしばらく滞在して老父の身の回りの世話をしたのち、東京へと帰っていきます。末の娘と図像的に鏡像関係にある義理の娘は、本来この家に居場所を持たないのです（**図4-16**）。

小津は『東京物語』の2作前に監督した『**麦秋**』（1951年）について、「ストウリイそのものより、もっと深い《輪廻》というか《無常》というか、そうい

図4-16

うものを描きたいと思った」[9]と述べています。この姿勢は『東京物語』やその後の作品にも通じているように思います。

老母が亡くなった日の朝、外で日の出を見ていた老父は、義理の娘が呼びに来た際、「ああ、綺麗な夜明けじゃった。今日も暑うなるぞ……」とつぶやきます。

人間の側の事情とは関係なく、世界は廻り続けていきます。『東京物語』で繰り返しあらわれる風景のショットが示唆していたように、世界はそのありようを刻々と変化させています。

私たちはいつもと同じような毎日を送っているうちに、たとえば肉親の死のような取り返しのつかない致命的なポイントを何度も通り過ぎて生きていくのです。

小津は手帳の余白に次のようなメモを残しています。

何でもないものも二度と現れない故にこの世のものは限りなく貴い。[10]

小津は「何でもない」日常のショットを積み重ねることで、そこに潜む美しさと残酷さを鮮やかに剔出《てきしゅつ》した映画作家でした。

小津の映画が同じような設定やテーマを繰り返し描くのは、私たちの人生がまさにそのようなものとしてあるからではないでしょうか。

毎日同じようにして職場や学校に通っている方がほとんどだと思います。朝起きてからすること、家に帰ってから寝るまでの間にすることなど、日々のルーティンにそれほど劇的な変化は見られないでしょう。

ですが、同じような毎日を過ごしていたとしても、昨日と今日は別の一日です。小津が看破したように、まったく同じ時間は二度とあらわれません。

小津映画をじっくりと味わうことで、日常のささやかな違いに気づき、そこから楽しみを引き出すことのできる鋭敏な感受性を育《はぐく》むことができるのではないでしょうか。

「なんか、毎日をもっと大事に生きないといけない、と思いました。日常の『当たり前』にも感謝の心を持ちたいです」

小津映画が描く普遍的な人間の姿

ゆるやかに崩壊へと向かう家族の日常を描いた小津の映画は、人間の普遍的な姿を映していたのかもしれません。

1950年代当時、黒澤や溝口の時代劇が海外で脚光を浴びるなか、あまりに日本的な生活を描いていた小津のホームドラマが国際映画祭に出品されることはほとんどありませんでした。

しかし、サムライやニンジャには興味を惹かれないという外国人であっても、その人生において「家族」と無縁であることはまずありません。小津に私淑《ししゅく》しているドイツのヴィム・ヴェンダース監督は、『**東京画**』（1985年）というドキュメンタリー映画の冒頭で次のように言っています。

> 小津の作品はもっとも日本的だが国境を越え理解される。私は彼の映画に世界中のすべての家族を見る。私の父を、母を、弟を、私自身を見る。……小津の映像は二十世紀の人間の真実を伝える。われわれはそこに自分自身の姿を見、自分について多くのことを知る。

第1講で紹介したように、私は2019年にベラルーシで行なわれた小

『東京画』

（ヴィム・ヴェンダース監督、1985年）

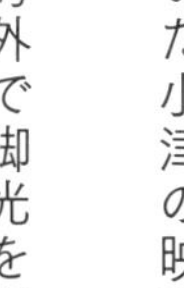

1983年に来日したヴェンダースが、小津映画にゆかりのある場所や人物を訪ねるドキュメンタリー映画。

㋑小津映画にも登場する「有楽町高架線」を捉えた序盤のシーンでは、在来線と新幹線が行き交う線路のうしろに建設中の有楽町センタービル（有楽町マリオン）が見えます。1984年10月に開業したこのビルは、同年12月に公開された『ゴジラ』（橋本幸治監督）の劇中でゴジラによって壁面を破壊されています。実は1954年に公開された初代『ゴジラ』が破壊した銀座周辺も小津映画にたびたび登場する場所であり、ヴェンダースのドキュメンタリーは図らずもゴジラと小津のつながりを強化しています。

津映画の特集上映にゲストとして招かれました。『東京物語』の上映後、客席に感想を求めたところ、一人の男性観客がヴェンダースの言葉を裏付けるような感想を伝えてくれました。

「小津映画の登場人物は自分たちと何も変わらない。私はそこに両親に対する自分自身の態度を見て恥ずかしくなった」

小津の映像がもつ普遍的な喚起力をあらためて実感し、胸が熱くなった瞬間でした。

Homework

1

小津安二郎の映画作品を1本見て、
日常に思いを馳せよう!

2

小津映画をオマージュした作品がないか
探してみよう!

3

四巨匠（黒澤、小津、溝口、成瀬）の作品を見比べて、
どれが好みだったか、その理由を考えてみよう!

小津安二郎の「グルメ手帖」

INTER MISSION

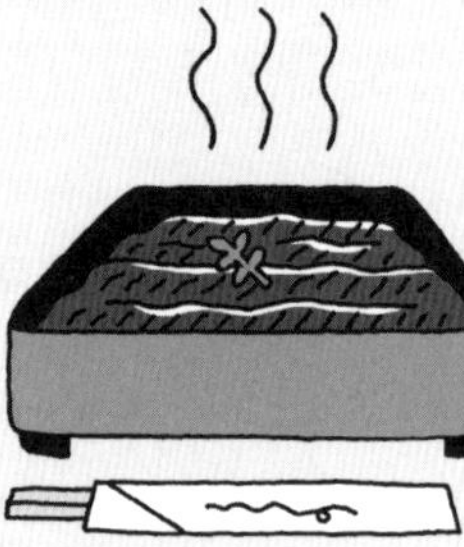

年越しそばのかわりに「鰻」

小津安二郎は大のグルメ（食通）だったことで知られています。小津の日記には膨大な数の飲食店の名前が出てきます。また、食に関する2冊の手帖も残しており、それらは俗に「グルメ手帖」と呼ばれています。

小津映画に夢中になった大学生の私は、少しでも小津の世界に近づきたくてじっさ

『小津安二郎美食三昧 関東編』朝日文庫（左）
『小津安二郎美食三昧 関西編』朝日文庫（右）

いに小津が通った何軒かのお店に足を運びました。

一流好みの小津の眼鏡にかなった店ですから、一介の学生が気軽に訪れられるような場所ばかりではありません。ですが、「これも研究の一環」と都合よく自分に言い聞かせていました。

そのなかで、大学生の頃の私が一番多く通ったお店は竹葉亭《ちくようてい》銀座店でした。地下鉄銀座駅を出てすぐのところにある鰻の名店です。近くに本店もあるのですが、小津は気楽に入れる銀座店を贔屓《ひいき》にしていたようです。

しかも、小津が好んで食べていたのは鯛茶漬けでした。鰻に比べてリーズナブルな価格でありながら、味は一級品です。私も友人たちと映画を見たあとなどによく利用させてもらいました。

鰻は小津の大好物です。そのなかでも特別な地位を占めていたのが南千住にある尾花でした。50年代半ばの数年間は、親しく付き合っていたスタッフらとともに大晦日に尾花の鰻を食べるのを恒例にしていました。年越しそばのかわりに鰻を食べていたわけですね。

同行していたプロデューサーの山内静夫[11]によれば「細く長く、とそばを食べる位なら、いっそ太く生きる方がよいという理窟」だったそうです。

小津は鎌倉に住んでいましたので、鎌倉のお店にも通っていました。私のイチオシは天ぷらのひろみです。

お店はJR鎌倉駅北口を出て、鶴岡八幡宮へと続く小町通りを少し進んだところにあります。小津にちなんだ「小津丼」というメニューがあり、私はいつもそれを注文していました。食に詳しいわけではない私の語彙力ではそのおいしさを十分に表現しきれませんが、絶品であることは間違いありません。十分なボリュームがあり、それでいてまったくくどく感じることはありませんでした。

ひろみは文芸評論家の小林秀雄も贔屓にしていたお店で、小林丼という特選丼のメニューもあります。

劇中にも食事シーン

小津映画のなかには食事のシーンがたくさん出てきます。すべてにおいて本物志向だった小津は、じっさいに名店の料理を取り寄せて撮影に使っていました。たとえば遺作となった**『秋刀魚の味』**（1962年）にはトンカツを食べるシーンがありますが、あれは上野の蓬莱《ほうらい》屋のものだそうです。

料理屋のシーンに出てくる酒やつまみもすべて本物ということで（ただし、下戸《げこ》だった笠智衆の酒は水で代用していたようです）、小津映画の常連俳優だった中村伸郎《のぶお》は次のように振り返っています。

　酒の場面となると私はせりふを完璧に暗記して臨んで、もつぱら飲み食ひを楽しんだ。だからテストを重ねて本番となる頃はあたりには酒の香もたゞよひ、ニセものでは出ない気分のその違ひを、先生は確実に逃さず掴まれたのだと思ふ。[12]

ある日の撮影の際、中村が小津に「もういゝんですか、この場面……」と尋ねたところ、「カメラを廻さずにもう少し続けませうか、中村さん」と言われてしまったそうです。小津はユーモアのセンスも一級品でした。

小津が通った料理店については、貴田庄が『小津安二郎美食三昧 関東編』『小津安二郎美食三昧 関西編』（いずれも朝日文庫）という2冊の書籍にまとめています。小津映画を見たあとは、小津が通った店で美食に舌鼓を打ちながら余韻に浸るのも一興かもしれません。

小津安二郎：Photofest/AFLO

第 5 講

Chapter 5

映画で考える「家族のあり方」
——是枝裕和『海街diary』の視線劇

批判的思考力を磨く

時の試練に耐えて現代にまで伝わっている古典映画にはやはりそれだけの美点や情報量が含まれているので、見て損をすることはありません。

とはいえ、現代の映画にも見るべきものは当然あります。情報としての鮮度も高く、折々の機会に話題に上ることも多いでしょう。

たとえば、宮崎駿の新作を見られるのは同時代に生きる者の特権です。

２０１３年公開の『**風立ちぬ**』を最後に引退表明していた宮崎駿ですが、例によってそれを撤回し、現在は新作に取り組んでいるようですね。

それでは、どのような現代映画を見るべきか。

世間で話題になっている作品は、見ておく価値があるでしょう。

「でも、流行に便乗しているようで、軽薄な奴ってバカにされそう」

そんなことはありませんよ。脊髄反射的に流行りものを忌避するような態度こそ、たんなる思考停止に陥ってはいないでしょうか。映画を見たうえで、くだらないと思えばはっきりとそう言えばいいのです。

世間でもてはやされているのだから自分も褒めなければならないということはありません。たとえ一世を風靡《ふうび》したコンテンツであっても、小手先の珍奇さが受けていただけで一時の流行で終わってしまうものが大半です。

重要なのは、自分自身の価値観に立脚した批判的な思考を手放さないことです。

「批判」はたんに悪口を言うことではありません。

この言葉の第一義的な意味は「物事に検討を加えて、評価・判定すること」であり、そこには良い点を見つけることも含まれます。「批評」もこれとほぼ同じ意味をもつ言葉

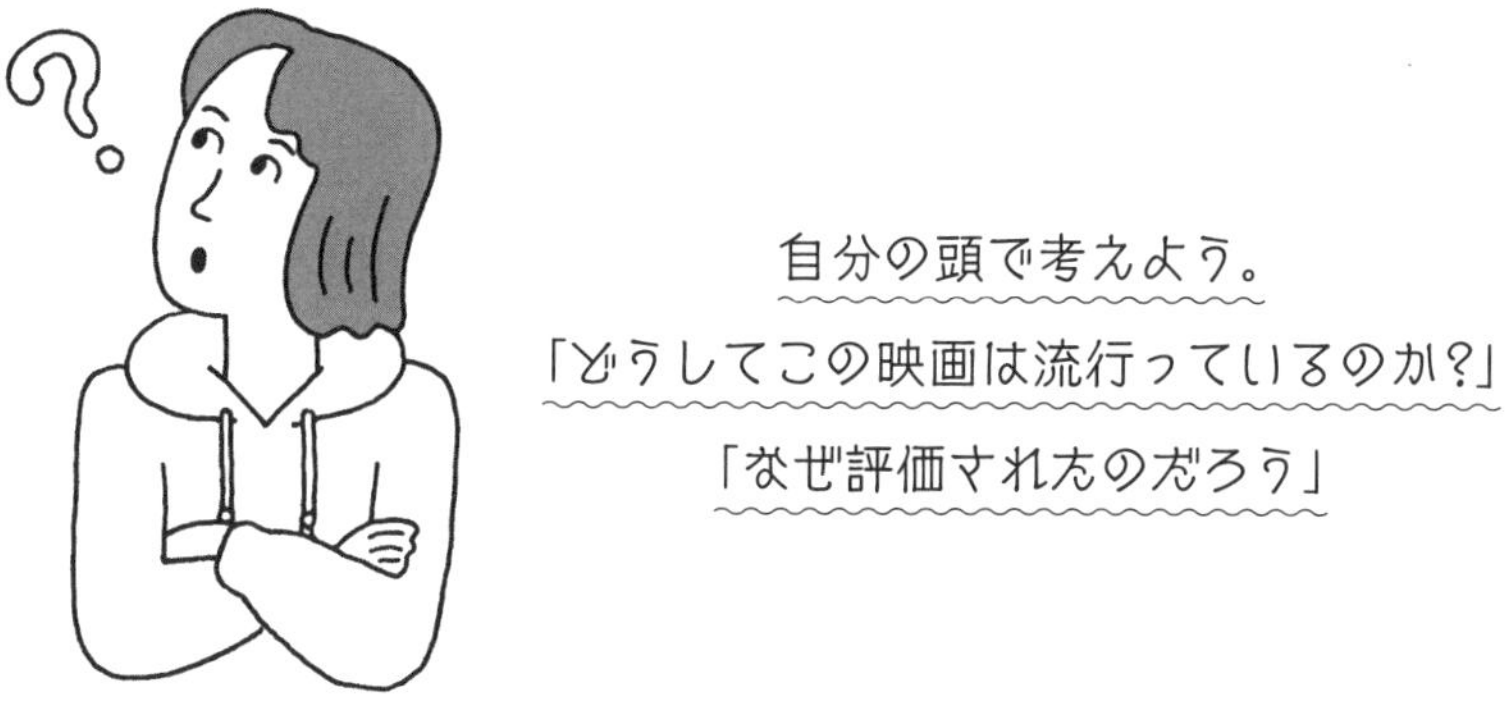
自分の頭で考えよう。
「どうしてこの映画は流行っているのか?」
「なぜ評価されたのだろう」

です。

私自身は、つまらない映画のつまらない点をあげつらう文章を書くよりは、優れた映画の優れた点を見定め、それを世の中に発信することの方により大きな魅力を感じています。

褒めるにせよ、欠点を指摘するにせよ、世の中で話題になっている映画の良いところは、多くの人に話が通じる点です。

世間の評価が過大であると思えば、そのように主張することで「自分の意見を持った人」であるという印象を与えることができるでしょう（やりすぎるとただの偏屈な人になってしまうので注意が必要ですが）。

また、自分の好みはいったん脇に置いて、なぜその映画が流行っているのか／評価されているのかを分析することで、ビジネスに活かすためのヒントが見つかるかもしれません。

映画の流行は、世の中の動きと密接に関係しています。

たとえば、2020年には韓国映画の『**パラサイト 半地下の家族**』（ポン・ジュノ監督）が世界的な注目を集めました。

　カンヌ国際映画祭の最高賞にあたるパルム・ドール受賞を皮切りに、米国アカデミー賞ではアジア映画として初めて主要3部門を含む四冠（作品賞、監督賞、脚本賞、国際長編映画賞）を達成して一大旋風を巻き起こしました。

　『パラサイト』が国際的に高い評価を得られた理由は、たんに作品のクオリティが高かったからだけではありません。

　その背景には歴史的な文脈があり、現代の映画界で主流派を形成しているリベラルな価値観が多分に影響していたと考えられます。

　映画は私たちの生きる同時代の社会を反映する鏡です。映画の流行を追うことは、時代の潮目を見極める能力を鍛えることにつながるでしょう。

　話題の新作映画を見ることで世の中の流行にキャッチアップしつつ、批判的思考力を磨いていけば、刻々と移り変わっていく社会情勢のなかで確固とした存在感を発揮できるようになるはずです。

『パラサイト 半地下の家族』
（ポン・ジュノ監督、2019年）

半地下のアパートに暮らすキム一家の四人は、長男が山手に住む裕福なパク家の家庭教師として雇われ信用を得たのをきっかけに、ほかの三人も身分を偽って美術教師、運転手、家政婦として次々と入り込むことに成功する。しかし、彼らの寄生生活は思わぬところから綻びを生じ……。

㋑外国語映画（非英語作品）がアカデミー賞作品賞を受賞したのは史上初。近年のハリウッド、およびアカデミー賞は人種差別問題（白いオスカー）やセクハラ問題（#MeToo運動）で揺れており、『パラサイト』の歴史的快挙は、白人中心主義からの脱却と多様性をアピールしたいハリウッドの思惑と合致していたと指摘されています。

是枝作品が問いかけるテーマ

『パラサイト』の前年にカンヌ国際映画祭でパルム・ドール賞を獲ったのは、是枝裕和の『**万引き家族**』（2018年）でした。

是枝は現代日本を代表する映画監督の一人と言っていいでしょう。現代日本の家族のあり方に鋭い眼差しを注ぐ是枝作品は、同時代に生きる私たちに多くの気づきを与えてくれます。第4講で取り上げた小津作品と見比べることで、日本人の家族観の変遷を辿ることもできるでしょう。

ここでは、是枝の『**海街diary**』（2015年）を例に、現代の日本映画を分析的に見る方法を紹介したいと思います。

「あ、これは知ってる！　広瀬すずちゃんがかわいいんだよな」

「……」

是枝裕和 *Hirokazu Kore-eda (1962-)*

早稲田大学卒業後にテレビマンユニオンに入社し、挑戦的なドキュメンタリー番組の制作で注目を集めると、1995年公開の『幻の光』で映画監督デビュー。2作目の『ワンダフルライフ』（1998年）でナント三大陸映画祭のグランプリを獲得し、4作目の『誰も知らない』（2004年）では主演の柳楽優弥が史上最年少かつ日本人で初めてカンヌ国際映画祭の最優秀主演男優賞を受賞しました。近作の『万引き家族』（2018年）はカンヌ国際映画祭でパルム・ドールを受賞。名実ともに現代日本を代表する映画監督のひとりです。同時に、『空気人形』では韓国のペ・ドゥナを起用し、フランスで撮影した『真実』（2019年）では大女優のカトリーヌ・ドヌーヴやジュリエット・ビノシュを起用するなど、日本という枠を超え国際的な映画づくりを行なっています。

『海街diary』は、吉田秋生による同名の漫画作品を実写映画化したものです。

鎌倉に暮らす三姉妹と、彼女たちのもとにやってきた異母妹の四女が経験するさまざまなエピソードを季節の移り変わりに合わせて丁寧に描いた美しい作品です。

長女、次女、三女をそれぞれ綾瀬はるか、長澤まさみ、夏帆が演じ、腹違いの四女をブレイク直前の広瀬すずがみずみずしく演じています。

『海街diary』では、母親の違う四女（父親は三人の姉たち家族を捨てて四女の母である女性と家を出た人物です）がそのことに負い目を感じつつ、三姉妹と正真正銘の家族になっていく過程が描かれていくのですが、この映画に見られる「家族にとって大事なのは血のつながりなのか、それとももともに過ごした時間や思い出なのか」という問いは、是枝作品にしばしば登場する重要なテーマです。

赤ん坊の取り違えを描いた**『そして父になる』**（2013年）は、このテーマに正面から切り込んだ作品でした。『万引き家族』はまさに血のつながりのない家族の物語でしたし、代表作の一つである**『誰も知らない』**（2004年）は全員父親の違う兄弟姉妹たちの話でした。また、**『歩いても 歩いても』**（2008年）をはじめとして再婚相手の連れ子という設定もよく見られます。

このように、ある監督に注目してその作品を体系的に捉えると一貫するテーマが見えてくることがあります。また、同じような主題やモティーフもしばしば作品を超えて繰り返しあらわれます。同時代的に活躍している監督の過去の作品を押さえておくと、その監督の新作が公開されたときにより深く味わえるようになるのです。

『海街diary』で駆使される「視線」

映画において登場人物の視線はきわめて重要です。

第3講で分析した溝口健二がそうであったように、すぐれた映画監督は「視線の描き方」に細心の注意を払っています。
是枝裕和の『海街diary』もそのような系譜に連なる作品と言っていいでしょう。

血のつながりが半分しかない三姉妹と異母妹の四女が家族になっていく過程を描くにあたって、『海街diary』では登場人物たちの視線を巧みに利用しています。観客側はその視線の描き方に注目することで、作品からより多くの情報を引き出すことができるのです。

シーン1

最初に確認しておきたいのは、山形で行なわれた父親の葬儀を終えて三姉妹が鎌倉に帰ろうとするシーンです。
ここでは、三姉妹のあとを四女が追いかけてきて、父親の遺品の写真を手渡そうとします。

図5-1

図5-1〜5-9 『海街diary』是枝裕和監督、2015年（DVD、ポニーキャニオン、2015年）

その写真には幼い頃の三姉妹が写っており、彼女たちはそれらを懐かしく眺め、思い出話に花を咲かせます（**図5-1**）。しかし、その思い出に加わることができない四女は（そこに四女が写っている写真は1枚もありません）、三人の異母姉の顔にさっと目を走らせると居心地悪そうにその場を離れようとします（**図5-2**）。

立ち去ろうとする四女を長女が呼び止め、「この街でいちばん好きな場所」を案内してほしいとお願いするところから、彼女たちの視線をめぐる物語は次の段階へと進んでいきます。

シーン2

街並みを見渡せる高台へと姉たちを案内した四女は、この場所には「お父さんとよく一緒に来た」と説明します。

その言葉を受けて、次女と三女は眼前に広がる景色が鎌倉に似ていることに思い至ります。

写真をめぐる直前のシーンでは、四女は三姉妹と視線を共

図5-2

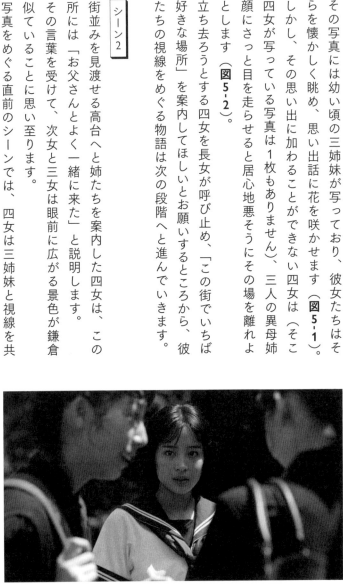

有することができませんでした。

それに対して、このシーンでは四姉妹が同じ景色に視線を向けています（**図5-3**）。しかも、四女にとって父親の思い出と強く結びついたその景色は、3人の姉たちが生まれ育った鎌倉とよく似ていることが判明するのです。

四女は姉たちの誘いに応じて鎌倉で一緒に暮らすことを決めます。同じ景色を眺めながら姉たちと思い出を共有した経験が、おそらくは四女に鎌倉行きを決心させたのです。

序盤のシーンに見られるこのような視線劇は、舞台を鎌倉に移してからも繰り返されることになります。

シーン3

鎌倉にやってきて初めて迎える冬のある日のこと、四女は誤ってアルコール度数の高い自家製梅酒を飲んで倒れてしまいます。

図5-3

序盤のシーンに見られた思い出の写真に相当する位置を、今度は四女自身が占めています（**図5-4**）。

また、このエピソードを通して、酔ったときの乱れ方が次女そっくりであることや耳の形が長女に似ていることといった「家族の証《あかし》」が発見されます。当初は四女が疎外されていた三姉妹の思い出の中心に、いまでは四女自身が位置するように

図5-4

図5-5

なっているのです。

意識を取り戻した四女は、3人の姉とともに庭に生えている梅の木を窓から眺めます。ここでも4人の視線が同じ対象に向けられます（**図5-5**）。さらにこのとき、梅の木をめぐって長女が亡き祖母の言葉を引用することで、四女は自分が会ったことのない先祖の存在に触れ、四姉妹の思い出の共同体へと組み込まれていくのです。

シーン4

姉たちの様子をうかがうような四女の視線も鎌倉で再び描かれます。

鎌倉の海で一緒に遊んだあと、四姉妹は近所にある「海猫食堂」を訪れます。姉妹たちのあいだで微笑ましい掛け合いを繰り広げながら、4人はそろって食堂のメニューに視線を集中させます。その瞬間、四女だけがメニューから視線を外し、姉たちの顔を順番に見ています（**図5-6**）。

図5-6

くつろいだ様子の四女の姿からは、姉たちの反応を遠慮がちにうかがっていた序盤の緊張感はすっかり消えており、三姉妹と親密な関係を築きつつあることがうかがえます。ここではあえて視線のずれを見せることによって、姉妹の関係性が深まっていることを強調しているわけですね。

血縁を超えて成り立つ家族のあり方

『海街diary』で展開される視線の一致とずれの物語は、映画の終盤にクライマックスを迎えます。

海猫食堂の店主・二ノ宮（風吹ジュン）が癌《がん》で亡くなり、四姉妹はそろってその葬式に参列します（『海街diary』は葬式に始まり、葬式に終わる映画なのです）。

シーン5

葬式の帰り際に、彼女たちは二ノ宮のパートナー的存在だった福田（リリー・フランキー）から声をかけられます。

長女は「写真の二ノ宮さん、いい顔してましたね」と言って二ノ宮の遺影を話題にし、次女の問いかけによって、その写真を撮ったのが福田であることが明らかになります。

葬式とは、参列者の視線がいっせいに遺影へと注がれる儀式にほかなりません。序盤に登場した三姉妹の写真に四女の居場所はありませんでしたが、直接関わりのあった二ノ宮の遺影には彼女なりに思うところがあったはずです。

映画には遺影そのものは出てきませんが、その代わりに遺影の撮影者たる福田を四姉妹が同時に見つめる場面があります。

福田は遺影の写真を撮った際の状況を説明し、それにまつわる思い出を口にします。

写真は最後のデートで一緒に桜を見に行ったときに撮ったもので、入院中の二ノ宮がそのときを振り返って「もうすぐ死ぬってわかっとっても、綺麗なもんをちゃんと綺麗って思

図5-7

えるのが嬉しい」と言っていたことが伝えられます。

　目を伏せて福田の声に耳を傾けていた四女ですが（**図5-7**）、話が桜に関する二ノ宮の思い出に及ぶと、ハッとしたような表情を浮かべて視線を上げます（**図5-8**）。この瞬間に3人の姉たちが視線を下げるのに対し、四女だけが視線を上げることで彼女たちの視線は再びずれを孕《はら》みます。

　実は、四女が最後の日々を世話していた父親も二ノ宮と同じことを言っていたのです。

　このことは次のシーンで明かされ、四女だけが知っていた父親の思い出は、二ノ宮の思い出を介して四姉妹共通の思い出になります。死者たちの記憶が、生きている者たちの絆を強めるのです。

　3人の姉たちと四女との視線を巧妙にずらすことによって、映画は彼女たちがもっている情報量の違いを際立たせています。同時に、この視線のずれは序盤のシーンを反復するものとなっており、劇的な効果をあげています。

図5-8

序盤では、写真の思い出から疎外されていた四女だけ視線がずらされていましたが、ここでも父の特別な思い出を知っている四女の視線が再びずらされています。

序盤のシーンでずらされていた四姉妹の視線を一致させたのは、四女が提供した父の思い出の景色でした。

同様に、終盤のシーンでは四女が父と桜についての思い出を3人の姉に知らせることで、再び4人は同じ視界を共有するようになります。

シーン6

映画の最後は波打ち際を歩く四姉妹のショットで締めくくられます（**図5-9**）。4人は同じ方向に進みつつも、貝殻を拾ったり、寄せてくる波を避けたりして各人が相対的に自由に振る舞っています。

視線を一致させるような経験を何度も経て、多くの思い出を共有するようになった四姉妹だからこそ、ある程度ずれた

図5-9

ことをしていても家族でいられるようになったのでしょう。

映画『海街diary』が提示しているのは、血縁を超えて成り立つ成熟した家族のあり方なのかもしれません。

是枝裕和と小津安二郎の共通点

第4講では古典映画の例として小津安二郎の『東京物語』（1953年）を取り上げましたが、是枝裕和はしばしば小津の影響を指摘される監督です。

是枝自身は家族をテーマにしている作品が多いからといって、それだけで安易に小津と比較されることにうんざりしているようです。

ただ、私が見る限りでは、登場人物の視線を一致させたりずらしたりすることによってその関係性を描き出す点は2人の監督に共通しているように思います。

また、フラッシュバック（回想シーン）を用いない点も両者に共通しています。

小津も是枝も、登場人物の思い出はすべて会話のなかで処理していきます。一般的な映画であればそこから回想シーンが始まりそうな場面であっても、2人の映画ではフラッシュバックの使用が厳に禁じられているのです。

2人の監督は、記憶というものは客観的な映像によって安易に提示できるようなものではないと考えているのでしょう。

じっさい、私たちが同じ出来事を経験した友人とその話をしていても、お互いが頭の中で思い浮かべている映像まで共有することはできません。また、印象に残っている点や記憶の細部には必ず違いが生じるものでしょう。

客観的な記憶を追い求めるのではなく、各人がもっている主観的な記憶のずれを通して他者と関係を結び、深めていくこと。それは映画を見ること一般にも通じる教訓かもしれません。

「現実に目を向ければ、さまざまな『分断』が生じ、すれ違いによる衝突や中傷が横行しています。いちいち説明しなくても、表情から本音を探る力が求められているのではないでしょうか。映画はその一助になるかもしれないのです」

Homework

1

今年ヒットした映画について
作品の背景を考えてみよう!

2

是枝裕和監督の映画を見て、
家族と感想を述べ合おう!

3

登場人物の「視線」に注目して映画を見よう!

INTER MISSION

是枝映画の入浴シーン

なぜお風呂に入るのか？

是枝裕和の映画を見ていると、ほぼすべての作品に入浴シーンがあることに気づきます。

一般に、映画における入浴シーンにはいくつかの機能があると考えられます。

たとえば、俳優（とりわけ女優）の裸体を撮るための格好の口実を与えてくれるというのも立派な機能のひとつです。

若手女優が入浴シーンに挑むとなると、それ自体がWebの記事になって映画の宣伝に寄与しているケースをよく見かけます。スクリーンに映し出される美しい裸体を堪能したいという大衆の欲望は、映画史の最初期から連綿と受け継がれているものです。

とはいえ、是枝映画の入浴シーンは単に俳優の裸体を見せるためのものではありません。むしろ、是枝が繰り返し描き続けてきたテーマと不可分に結びついた演出に思われます。

それでは、入浴シーンを通して見えてくる是枝作品のテーマとは何でしょうか。

それは「家族になること」をめぐるものです。

『そして父になる』（2013年）はその典型でしょう。

子どもの取り違えを描いた本作では、親子にとって重要なのは血のつながりなのか、それとも一緒に過ごした時間なのかが問われています。

映画には子どもを取り違えられた二組の家族が登場します。大手建設会社に勤める主人公の野々宮良多（福山雅治）は、妻のみどり（尾野真千子）、一人息子の慶多（二宮慶多）とともにタワーマンションで裕福な暮らしをしています。

それに対して、小さな電気店を営む斎木雄大（リリー・フランキー）一家はお世辞にも裕福とはいえません。妻のゆかり（真木よう子）もパートに出て家計を支えています。野々宮家では子どもの教育に力を入れており、幼少期から厳しくしつけをしていますが、斎木家は子どもたちをのびのびと育てることを大切にしています。

入浴シーンには、二つの家庭の教育方針の違いが端的にあらわれています。

野々宮家では、子どもは小学校入学前から一人で風呂に入ることになっており、取り違えられた琉晴（黄升炫）が泊まりにきたときには、風呂で箸の練習をさせていました。

一方の斎木家では、3人の子どもたちが父親と一緒にお風呂に入って遊んでいます。慶多が泊まりにきた際には、雄大が浴槽のお湯を口に含んで慶多の顔にかけて喜んでいまし

図1　『そして父になる』　是枝裕和監督、2013年（DVD、アミューズソフトエンタテインメント、2014年）

た（**図1**）。血がつながっているという事実にすがるのではなく、風呂の水を介して一緒に過ごすことのできなかった時間を埋め合わせているかのようです。

親密な関係を維持する場所

血のつながりのない（あるいは薄い）家族もまた是枝作品に頻出する設定です。そのような家族との入浴は、**『幻の光』**（1995年）や**『DISTANCE』**（2001年）、**『歩いても 歩いても』**（2008年）、**『万引き家族』**（2018年）などで繰り返し描かれています。

『幻の光』では、お互いに連れ子を抱えた男女（江角マキコ、内藤剛志）が再婚します。妻が夫の連れ子である娘の髪をとかしているなか、夫が妻の連れ子である息子と風呂に入っている場面があります。

『DISTANCE』には直接的な入浴シーンはありませんが、会話のなかで再婚相手の連れ子と一緒にお風呂に入るという話が出てきます。『歩いても 歩いても』では、主人公の良多（阿部寛）が、妻（夏川結衣）の連れ子である息子のあつし（田中祥平）と実家の風呂に一緒に入って話をしています。

『万引き家族』に出てくる家族にも血縁関係はありませんでした。一家の父親役である治（リリー・フランキー）は児童虐待を受けていた少女（佐々木みゆ）を連れ帰ります。

劇中では、母親役である信代（安藤サクラ）が、少女と一緒に入浴し、お互いの傷を見せ合う印象的なシーンが描かれています（**図2**）。彼らは入浴を通して他人と家族になっていくのです。

『誰も知らない』（2004年）の家族には、「半分だけ」血のつながりがあります。

この映画では、母親に置き去りにされた4人の子どもたちのサバイバル生活が描かれますが、彼らは全員父親の異なる種違いの兄弟姉妹です。

図2　『万引き家族』　是枝裕和監督、2018年（DVD、ポニーキャニオン、2019年）

劇中には長男（柳楽優弥）と次男（木村飛影）がともに浴槽に身を浸してくつろいでいるシーンがあります。ですが、やがてガスや水道が止められてしまうとそうした贅沢な時間を過ごすことができなくなり、兄弟間でいさかいが発生するようになります。

是枝映画にあらわれる風呂は、家族が親密な関係を維持するために欠かせない場所として機能しているのです。

『そして父になる』
2013年製作／
監督：是枝裕和

『万引き家族』
2018年製作／
監督：是枝裕和

第6講

Chapter 6

映画のトリックに騙されてみる
――ヒッチコックから学ぶ「バイアス」にとらわれない方法

ヒッチコックの代表作は『めまい』『サイコ』だけではない

「ふ～。日本の古典映画と現代映画を堪能したなあ。そろそろ、洋画の分析的な見方も知りたいです」

わかりました。第6講では、海外の映画を取り上げ、ハリウッドの「お約束」を巧みに用いたトリックについて解析していきます。

映画の撮り方には少なからず「ルール」が存在します。第2講で説明した「コンティニュイティ編集」や「180度システム」はその代表格ですね。

それをあえてズラすことで、観客に切実な問いを突きつけることができるのです。

少し高度かもしれませんが、映画の真骨頂ともいえるテーマなので頑張ってついてきてください。

アルフレッド・ヒッチコック

Alfred Hitchcock (1899-1980)

ヒッチコックは自身の監督作品にカメオ出演することで知られています。カメオ出演とは、有名人や関係者が本筋と関係のないシーンで短時間出演すること。ファンの間ではヒッチコックの姿を探すことがひとつの楽しみとなっていました。もちろん、『裏窓』や『サイコ』にも出演しているので、視聴する際はぜひヒッチコックを探してみてください（いずれの映画でも始まってからすぐの場面に出てきます）。

　ここで分析の俎上《そじょう》に載せるのは、「サスペンス映画の神様」として知られるアルフレッド・ヒッチコック監督の『**裏窓**』（１９５４年）です。

　１８９９年、すなわち19世紀の末期に生まれたヒッチコックは、１９２６年にイギリスで監督デビューを果たしました。１９３９年にアメリカに渡り、ハリウッドで最初に監督した『**レベッカ**』（１９４０年）がいきなりアカデミー賞作品賞に輝きます。

　その後、遺作となった１９７６年公開の『ファミリー・プロット』に至るまで、ハリウッドでメガホンを取り続けます。

　『裏窓』は、半世紀に及ぶヒッチコックの監督キャリアの半ばに撮られた映画ということになります。

「ヒッチコックは何作か見たことがありますよ。『**めまい**』（１９５８年）や『**サイコ**』（１９６０年）はめちゃくちゃこわかったです」

　その2つは、まさに代表作ですね。

　じっさい、『めまい』は第4講で紹介した『サイト・アンド・サウンド』の２０１２

年の投票で1位（批評家が投票する部門）と7位（監督が投票する部門）に選ばれています。ですが、『裏窓』もこれらの作品に引けを取らない傑作です。『裏窓』は、主人公のジェフ（ジェームズ・スチュアート）が「裏窓」ごしに目撃した殺人事件を、恋人のリザ（グレース・ケリー）とともに解決に導くサスペンス映画です。

ちなみにヒロイン役のグレース・ケリーは、この映画の2年後、人気絶頂の最中にモナコ大公レーニエ三世と結婚しました。近年公開された**『グレース・オブ・モナコ公妃の切り札』**（オリヴィエ・ダアン監督、2014年）は、モナコ公妃としての彼女の苦悩と活躍を描いた伝記映画です。

『裏窓』に隠されたテーマ

なぜ『裏窓』を取り上げるかといえば、殺人事件の解決という表向きの物語の裏に、映画を見ることそのものに関わる「重要なテーマ」が隠されているからです。映画を分析的に見ていくことで、その裏のテーマが浮かび上がってきます。

『裏窓』に関する分析としては、加藤幹郎『ヒッチコック「裏窓」ミステリの映画学』(みすず書房)というすぐれた書籍が出ていますので、この本の内容に基づいて解説していきたいと思います。

シーン1

主人公のジェフは、世界中を飛び回る売れっ子カメラマンですが、撮影中の事故で左脚を骨折してしまい、自宅での長期療養を余儀なくされています（**図6-1**）。

図6-1

図6-1~-6-4　『裏窓』　アルフレッド・ヒッチコック監督、1954年
（DVD、ジェネオン・ユニバーサル、2012年）

日中の大半の時間を車椅子のうえで過ごす彼は、退屈しのぎに窓から向かいの家の様子を覗いているのです。

身動きの取れない主人公は、観客席に縛りつけられた映画観客の寓喩《ぐうゆ》（アレゴリー）として機能します。このとき、彼の視界を縁取る長方形の窓はさながらスクリーンの役割を果たしていると言えるでしょう（スクリーン内に持ち込まれたもうひとつのスクリーン）。

くわえて、主人公の職業がカメラマンであることも示唆的です。

劇中には向かいの家の様子をよく見ようとしてジェフが双眼鏡や、望遠レンズを持ち出す場面があります（**図6-2**）。観客はそうした主人公の視界を共有することになるわけですが、カメラを通して得られた映像であるという点で、劇中の設定と観客がじっさいに目にしている映像が一致するわけです。

図6-2

「肝心な瞬間」をあえて見せない

こうした前提を踏まえたうえで、『裏窓』のヒッチコックが真に驚異的なのは、映画を見ることをめぐる「大前提」に揺さぶりをかけている点に求められます。

少々込み入った話になりますが、順を追って説明していきたいと思います。

ヒッチコックは、『裏窓』におけるもっとも肝心な瞬間を映像的にあえて省略します。省略していながらも、超一級の語り口によって、主人公にも観客にもそれがじっさいに起こったことであると信じ込ませてしまいます。

映画は省略の芸術です。限られた上映時間のなかですべてを見せることはできません。

登場人物がベッドに入って明かりを消し、次のショットで窓から差し込む朝日が映し出されたら、たとえ観客のいる現実世界で1秒しか経っていなくても劇中では一晩が経過したことになるのです。

コメンタリー

眠る人を撮り続けた反映画

眠っている登場人物の顔を何時間も映していたら、物語映画として成立しなくなってしまいますよね。でも、それをじっさいにやってしまった人物がいるのです。20世紀を代表するポップ・アーティストのアンディ・ウォーホル（1928-1987）は、眠る男性を5時間以上にわたって捉え続けた『**眠り**』（1963年）という映画を発表しています。

ウォーホルは、ほかにも定点カメラで撮影したエンパイア・ステート・ビルディングの映像を延々8時間以上も流し続ける映画『**エンパイア**』（1964年）を発表していますが、これらはあくまで実験映画として扱われています。

殺人シーンがないのに観客は騙される

一般的な物語映画では、わかりきったことは省略する、あるいは間接的な表現で代替するということが行なわれます。その技術を洗練の域にまで高めたのが古典的ハリウッド映画でした。

しかし、ヒッチコックがやっているのはさらにその上を行くものです。

一般に観客は、間接的な表現によって省略された当の出来事を経験や推測によって補いながら映画を見ています。ヒッチコックはそれを逆手にとっているのです。

どういうことでしょうか。

『裏窓』における肝心な瞬間とは、殺人事件の発生そのものです。

もちろん、殺人の瞬間を最初から見せてしまってはサスペンスのおもしろさが半減してしまいかねませんから、その場面を省略するのはよくあることです。

劇中の探偵役とその探偵役に自らを同一化した観客は、「あの行動が怪しい」「これは事件の伏線かな」など、さまざまな手がかりをもとにして犯人やトリックを推理していき、最終的に省略された瞬間を再構成します。

『裏窓』においても事態はそのように進展していくように思われます。劇中で提示されるいくつもの状況証拠を積み重ねていくことで、主人公とその恋人は殺人事件が起こったことを明らかにしていくのです。

主人公に自己同一化している多くの観客もまた、その結果を自然と受け入れることでしょう。事件は一件落着し、主人公とヒロインはめでたく結ばれハッピーエンドというわけです。

ですが、映画をよくよく見ると、実は殺人事件が起こったという客観的な証拠は何ひとつとして提示されていないのです。

「え、どういうこと？　どう見ても殺人事件を描いた映画じゃないか！」

まあまあ、落ち着いてください。

分析に戻り、主人公のジェフと恋人のリザが目にしたものを確認していきましょう。

シーン2

彼らが注目するのは向かいのアパートに住む装飾品のセールスマン（レイモンド・バー）とその妻です。

妻は病気のためにベッドで寝たきりの生活を送っており、セールスマンがその世話をしているようなのですが、ジェフはこの夫婦が喧嘩している場面を一日に二度目撃します（**図6-3**）。

その日の深夜2時ごろ、車椅子で眠ってしまったジェフは突如として降り始めた大雨の音で目を覚まします。そのとき、向かいのセールスマンが大きなスーツケースを抱えて家を出て行くところを目撃します。

セールスマンは大雨のなか、深夜にスーツケースを抱えて3度も出入りします。不審な行動ではあるものの、この時点では何をしているのかまだわかりません。

図6-3

翌日、セールスマンの家を見ると、妻の寝室のブラインドが下がったままになっています。ジェフが仕事用の望遠レンズをカメラに装着してさらに室内の様子を窺っていたところ、セールスマンがのこぎりと大きな肉切り包丁を新聞紙に包んでいる様子を目撃してしまいます。

その夜、ジェフは恋人のリザに向かいの家で起こっていることを話しますが、彼女は相手にしません。しかし、妻の寝室のブラインドが上がって、そこに妻がおらず、セールスマンが大きなトランクをロープで厳重に縛り上げている場面を2人で目撃するに及んで、疑念は確信に変わります（**図6-4**）。

2人は、セールスマンが妻を殺し、死体をバラバラに解体して運び出そうとしているのだと信じるのです。

その次の日、ジェフが見ている前で、そのトランクは

図6-4

業者に手渡されて部屋から運び出されてしまいます。ジェフは友人の刑事（ウェンデル・コーリイ）を呼び出して事情を説明しますが、「殺人の現場を見たわけではないだろ？」と言われてまともにとりあってもらえません。

刑事の言うことはもっともです。疑わしい状況があるだけで、証拠は何もないのですから。

ですが、このような刑事の態度は観客に逆の印象を与えます。映画では、真実を知っている主人公は、しばしば周囲の無理解にさらされて困難な状況に陥るものだからです。

セールスマンの不審な行動はその後も続きますが、決定打となる証拠は出てきません。

シーン3

業を煮やしたリザは、セールスマンの留守中にアパートに忍び込み、妻の結婚指輪を持ち出そうと試みます。妻が生きていれば、結婚指輪を外すはずがないという理屈です。

たしかに一理ありますが、それだけではセールスマンが妻を殺した証拠にはなりません。指輪を持ち出そうとしたリザは帰ってきたセールスマンと鉢合わせになり、ジェフが彼女を救い出すために通報して呼び寄せた警察に連行されてしまいます。その騒ぎの過程で、セールスマンは向かいの家から自分を見ているジェフの存在に気づきます。

ジェフの存在に気づいたセールスマンが彼のもとへと乗り込んでくるシーンは、この映画最大の山場を形成します。映画観客と同じように、安全圏から一方的に対象を見ていたはずのジェフが、はじめて現実的な危険にさらされることになるからです。

劇中でどんなに危険な場面が展開されようと、それをスクリーン越しに見ている観客の身に危険が及ぶことはあり得ません。

それはこの映画でも同じですが、自分たちと同じ立場にあったはずのジェフが襲撃を受けることで、観客はその前提が揺るがされるような衝撃を受けるのです。

「こわっ、背中がゾッとしたわ……」

「お約束」を逆手にとったヒッチコックの技法

最終的に、駆けつけた警察によってセールスマンは確保され、事件は一件落着したかに見えます。ですが、ここまできてもセールスマンが妻殺しを行なった確証は何も与えられないのです。

誤解してほしくないのですが、『裏窓』では殺人事件が起こっていないと言いたいわけではありません。そうではなくて、殺人事件が起こったことを示す客観的な証拠が提示されていない、つまり劇中の手がかりだけでは殺人事件の発生を確定することができないと言っているのです。殺人事件が主人公の思い込みに過ぎない可能性は、依然として残されているはずなのです。

にもかかわらず、主人公たちと同様、観客も殺人事件の発生とその犯人の特定のプロセスを疑うことはありません。

なぜなら、「古典的ハリウッド映画がそのような嘘をつくことはあり得ない」と経験的に知っているからです。

映画のなかで犯人が特定され、事件が解決されたのであれば、それはそのように受け取るものだと観客は「教育」されています（主人公とヒロインが結ばれるハッピーエンドもこの手の映画のお約束ですね）。

「教育」と言うと聞こえはいいかもしれませんが、有り体に言えば飼い馴らされてしまっているということです。

登場人物も観客も、それまでに培われてきたハリウッド映画の常識にしたがって、じっさいには見ていないし、決定的な証拠も提示されていない殺人事件であっても疑いなく確実に起こったものとして受け入れてしまうのです。*

「知らず知らずのうちに、『映画とはこういうものだ』という先入観に支配されていたわ。ヒッチコックのトリックにまんまと引っかかってしまった……」

映画の「お約束」に騙されていませんか？

そうだとすれば、私たちは映画を通していったい何を見ているのでしょうか。映画には、じっさいには見ていないはずのものを見た気にさせてしまう力があります。

観客がそれで納得してくれるのであれば、作り手側もそのことを前提にして効率よく作品を仕上げるようになるでしょう。わざわざ映さなくても見た気になってくれるのですから。

映画のお約束を暗黙の前提にすることは、作り手にとっても観客にとっても都合のよい事態です。作り手はコストを削減し、観客は効率よく映画を消費して満足するサイクルができあがるからです。

言うまでもなく、劇映画で描かれるのはどこまでいっても作り物の世界です。それは作り手も観客もわかっていることです。

しかし、これは考えようによっては制度に胡座《あぐら》をかいた不健全な関係ではないでしょうか。

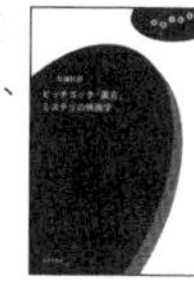

＊ここで展開した『裏窓』についての分析は、加藤幹郎『ヒッチコック『裏窓』ミステリの映画学』（みすず書房、2005年）に準拠しています。加藤は、私が「見えていないものを見た気になる」と呼んだ事態を「外見と内実の乖離」というキーワードで的確に捉え、それが作品内でどのように展開しているか、また映画史的に見たときにどのような意義をもつかをより詳細に議論しています。本書は高校生の読者を想定して書かれており、映画学の真髄に迫る充実した内容がわかりやすい語り口で展開されています。オススメの一冊です。

はたして映画を出来合いの娯楽として消費するだけの姿勢から、何か新しい発見が得られるでしょうか。

ヒッチコックは、そうしたハリウッド映画の当たり前の仕組みに亀裂を入れたのです。

「あなたたちが見たつもりになっているものは、本当は嘘かもしれないよ」と。

わざと決定的な証拠を省略し、それでも映画が成立しているように装うことで、ヒッチコックはそうした挑発的な問いを投げかけているように思えてなりません。

エリック・ロメールが仕掛ける「誤解」

第3講で解説したように、ヒッチコックはヌーヴェル・ヴァーグの監督たちが「作家」として称揚した代表的な存在であり、彼らにも多大な影響を与えました。

そのなかでも「見えていないはずのものを見た気にする」というヒッチコックのテーマにもっとも意識的だった監督のひとりがエリック・ロメールです。

エリック・ロメール

Éric Rohmer (1920-2010)

1920年生まれのロメールは、ヌーヴェル・ヴァーグとしてくくられる他の監督たちよりもひと回りほど年長です（ゴダールは1930年生まれ、トリュフォーは1932年生まれ）。
ロメール映画の登場人物たちは「恋多き男女」です。恋愛とそれがもたらす悲喜こもごもを描かせたら、ロメールの右に出るものはいないと言っていいでしょう。

名手ネストール・アルメンドロスの流麗なカメラワークとともに、劇中の男女が繰り広げる軽妙な会話劇もロメール作品の大きな魅力です。古典文学の教師をしていたロメールは、文学や哲学への造詣が深く、文学的、哲学的な議論の数々を作品のなかに実に自然に溶け込ませています。

もっとも有名なロメール作品は**『緑の光線』***（1986年）でしょうか。

この映画は「喜劇と格言劇」と銘打たれたシリーズの5本目で、ヴェネツィア国際映画祭で最高賞の金獅子賞を受賞しました。

太陽が沈む瞬間に放たれる「緑の光線」を目にした者は幸せになれると言われており、ヒロインは愛する人と一緒にその光景を見ることを夢見ています。

恋愛には誤解がつきものです。その誤解の描き方にロメールの真骨頂があります。『緑の光線』と同じ「喜劇と格言劇」シリーズの第3作目**『海辺のポーリーヌ』**（1983年）では、それが実に映画的に処理されています。

ロメールは『海辺のポーリーヌ』で第33回ベルリン国際映画祭の監督賞と国際批評家連盟賞を獲得しました。この映画で描かれるのは、誤解に次ぐ誤解が織りなすひと夏の恋愛劇です

＊AKB48がロメール作品をオマージュ!?　AKB48の楽曲「Green Flash」（2015年、柏木由紀と小嶋陽菜のWセンター）には、ラップ部分の歌詞に「いつか見た古いフランス映画/その中で言っていたそれが/太陽が沈んでく瞬間/最後に残る緑の光/それを見たらしあわせになれる」というフレーズがあります（作詞は秋元康）。ここで言われている「古いフランス映画」は、ロメールの『緑の光線』のことで間違いないでしょうね。楽曲のミュージック・ヴィデオでは、最後メンバーが砂浜に並んで日没を眺める様子が映し出されています（MVの監督は是枝裕和）。

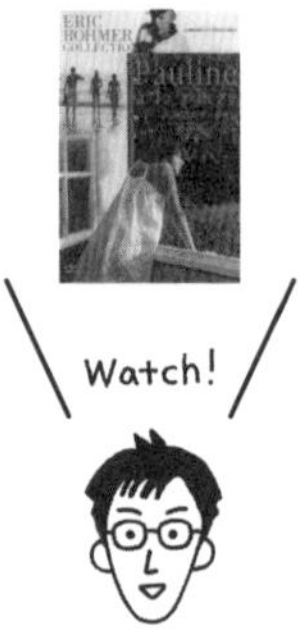

シーン1

映画の舞台は避暑地として知られるノルマンディーです。ポーリーヌ（アマンダ・ラングレ）はこの地に姉のマリオン（アリエル・ドンバール）とともにやってきます（**図6-5**）。マリオンはそこでかつての恋人ピエール（パスカル・グレゴリー）と再会します。

ピエールはマリオンへの思いを引きずっているのですが、彼女の方はピエールの知り合いとして紹介されたアンリ（フェオドール・アトキン）に夢中になってしまいます（**図6-6**）。

図6-5　左がポーリーヌ、右がマリオン

年長の男女が三角関係を繰り広げるなか、ポーリーヌは海辺で知り合ったシルヴァン（シモン・ド・ラ・ブロス）と親密な間柄になっていきます（**図6-7**）。ところが、ピエールのある行動がこの2人の仲に亀裂を入れてしまうのです。

シーン2

遊び人のアンリは、マリオンとの関係を維持したまま海辺でキャンディ売りをしているルイゼットという女性を誘惑し、別荘に招き入れます。

1階にシルヴァンを残して2人は寝室へと入っていきますが、間の悪いことに、その直後にマリオンがアンリの別荘にやってきます。

マリオンの車が入ってくるのを目にしたシルヴァンは、慌ててそのことを2階のアンリに知らせに行きます。焦ったアンリはキャンディ売りのルイゼットとシ

図6-6　左がアンリ、右がピエール

図6-5〜6-10『海辺のポーリーヌ』エリック・ロメール監督、1983年
（DVD、紀伊國屋書店、2007年）

ルヴァンを浴室に隠し、何食わぬ顔でマリオンを迎え入れると、あろうことかその2人が情事に及んでいたかのようにマリオンに思い込ませるのです（**図6-8**）。

マリオンはアンリにすっかり騙されてしまうわけですが、実はアンリの浮気現場を目撃していた人物がいました。たまたまアンリの別荘の近くを通りかかったピエールが、窓越しにベッドの上で裸の女性が誰かと戯《たわむ》れている姿を見ていたのです（**図6-9**）。

ピエールはアンリの浮気をさっそくマリオンに報告します。ですが、アンリの言葉を信じ込んでいるマリオンは取り合おうとしません。

じっさい、ピエールが目にしたのは裸の女性の姿だけで、相手の男性は見えていなかったのです。

マリオンに「2人を見た？」「彼を見た？」と問われたピエールは、アンリの姿をはっきりと見たわけでは

図6-7　左がシルヴァン、右がポーリーヌ

ないので「彼女が一人とは思えない」と答えるしかありません。

マリオンは、寝室でルイゼットと一緒にいたのはシルヴァンだと説明され、それを鵜呑《うの》みにしています。ですので、寝室に裸の女性がいたというピエールの証言だけではその思い込みを覆《くつがえ》すことはできないのです。

状況的に見れば、寝室にいたのは間違いなくアンリとルイゼットであり、そのことは後にピエールに問い詰められたルイゼットも白状しているのですが、観客も含めてその現場を直接目にした者は誰もいないのです。

この曖昧な視覚情報の提示は、明らかに意図されたものだと考えられます。

というのは、ポーリーヌとシルヴァンが行為に及んでいる現場をマリオンが目撃するシーンでは、その様子が彼女の主観ショットではっきり提示されているか

図6-8

らです（**図6-10**）。

肝心の場面を見せることなくそれがじっさいに起こったことであるかに見せるロメールの手際は、ヒッチコックのお株を奪うような鮮やかなものです。

しかも、そのことを最後まで観客に気づかせないことを企図したヒッチコックに対して、ロメールは視覚情報の欠落そのものを前面に押し出すことで、物語を推進する誤解の原因として積極的に利用しているのです。

シルヴァンがルイゼットと関係を持ったらしいという話はポーリーヌの知るところとなり、彼女を大いに傷つけ、悲しませることになります。

最終的にはすべての誤解が解け、ポーリーヌとシルヴァンも仲直りするのですが、ポーリーヌはシルヴァ

図6-9

ンに直接別れを告げることなくマリオンとともにノルマンディーを去っていきます。

シルヴァンがアンリの言いなりになって、彼の浮気をかばったのは確かですし、それによってポーリーヌを傷つけた事実は消えませんから。

男たちの卑劣さを思い知らされたポーリーヌは、このひと夏のできごとを苦い経験として記憶していくことでしょう。

「エモいだけの映画かと思ったけど、考えさせられるなあ。写真週刊誌の報道なんかも、疑ってかからないと」

まあ、まったく見当違いとは言えないでしょう。

ヒッチコックとロメールの映画を通して、いかに私たちが「バイアス」にとらわれているかに気づかされ

図6-10

ます。

私たちは普段から無意識のうちに多くの「お約束」に従って生きています。その方が効率がいいからです。

ですが、そこには思わぬ落とし穴があるかもしれません。

日常で触れるあらゆる情報について、「自分の目で見て確かめる」ことを習慣づけたいところです。

アルフレッド・ヒッチコック：GRANGER.COM/アフロ

Homework

1

映画を見て「省略」されているシーンを想像しよう!
それは起きていないのでは、と疑うことも。

2

身の回りで編集によって切り取られている
事象を探そう!

3

肝心の場面を見せず(言わず)、
相手の想像力に委《ゆだ》ねてみよう!

INTER MISSION

映画の著作権保護期間

──『東京物語』の著作権は有効？無効？

二度の改正により判断が複雑に

映画はれっきとした著作物ですので、著作権法の保護を受けています。本やイラストといったほかの著作物とは異なる特徴を有している映画は、条文上は「映画の著作物」として扱われています。

一口に著作権といっても、そこには数多くの権利が含まれています。映画に関係するものだと「複製権、上映権、公衆送信権、頒布権」などが存在します。

複製権や上映権は字面《じづら》の通りなのでわかりやすいと思います。公衆送信権とは、著作物を放送したり、インターネット上にアップロードしたりする権利です。映画を無断でYouTube等にアップするとこの権利に抵触します。頒布権は、ソフトの販売やレンタルに関わる権利です。

これらの権利は永遠に保障されているわけではなく、一定の保護期間が過ぎると消滅します。現在の日本の法律では、映画は公表から70年と定められています。ただし、この保護期間はこれまでに公開されたすべての映画作品に一律に適用されるわけではありません。

実は、映画の著作権保護期間をめぐっては厄介な問題が存在しています。

著作権法が定める保護期間が何度か変更されているからです。

旧著作権法の規定では、映画の著作権保護期間は著作者の死後38年間とされていました。期間の長さが妥当かどうかはともかく、これ自体はわかりやすい規定ですね。それが１９７１年に施行された新著作権法下で公表から50年に変更され、さらに改正によって２００４年以降は70年に延長されたのです。

この二度の保護期間の変更が事態を非常にややこしくしています。

１９７１年以前の旧著作権法のもとで公開され、新著作権法が施行された時点で保護期間が存続していた場合、著作者の死後38年と公表から50年を比べて、保護期間がより長くなる方が適用されます。法改正によってこれまで保障されていた保護期間が短くなってしまうのはフェアではないと考えられたからです。

同様に、２００４年の時点で保護期間が存続している作品については、旧著作権法の保護期間（著作者の死後38年）と公表後70年を比較して、より長い方が適用されます。

たった１日の公開日の違いで、保護期間が20年変わる？

具体的な例を見てみましょう。本書でも取り上げた小津安二郎の『東京物語』（１９５３年）の場合はどうでしょうか。

映画が公開された当時は旧著作権法が生きていますから、それに従えば著作権の保護期間は公開年にかかわらず、監督である小津の死後38年間です。小津は1963年に亡くなっていますので、2001年末まで存続すると考えられます。

ということは、1971年の新著作権法施行の時点ではまだ保護期間が続いているわけです。ですので、死後38年と公表から50年のどちらが長いかを考えることになります。1953年の50年後は2003年となり、こちらの方が長いので、新著作権法の保護期間が適用されるのです。

したがって、『東京物語』の著作権保護期間は1971年の時点でそれまでの2001年末から2003年末まで延長されます。

2003年末に保護期間が切れるため、『東京物語』は2004年から施行された改正著作権法（公表から70年）の影響は受けません。一方、同じ小津の作品でも1956年公開の『早春』は2003年末の時点では保護期間が存続しているので、公表から70年が適用され、2026年末まで延長されると考えられます。

実は映画の著作権保護期間に関しては「1953年問題」と呼ばれるものがあります。

結論から言えば、1953年までに公開された作品は、原則として50年後の2003

年末に保護期間が終了するので、２００４年の改正による延長が適用されずにパブリックドメイン扱いになります。

ですが、２００３年12月31日24時と２００４年1月1日0時を同時と考えた場合、１９５３年公開の映画は２００４年1月1日の時点で保護期間が存続していることになり、20年後の２０２３年末まで延長されるのです。この「存続説」は文化庁が示していた見解だったのですが、司法がそれを否定する判決を出したために注目を集めました。

裁判の結果、いずれも１９５３年に公開された『ローマの休日』や『シェーン』の著作権保護期間が２００３年末に消滅することが確定しました。これらの作品の格安ＤＶＤが販売されているのはそのためです。

ただし、これが適用されるのは「団体名義で発表された映画」に限られます。必ずしもすべての映画で監督が著作者と認められるわけではないのです。

誰を著作者とみなすかは、作品に対する関わり方によって総合的に判断されます。監督が著作者とみなされた場合は、死後38年との比較を行なわなければなりませんので、

1953年以前に公開された映画であってもパブリックドメインになっていない可能性があります。

たとえば、黒澤明やチャップリンの映画作品をめぐる裁判では、監督が著作者と見なされたため1953年以前に公開されたものであっても保護期間が存続すると判断されました。

黒澤明が亡くなったのは1998年なので、旧著作権法の規定に従って監督作品の著作権保護期間は2036年末まで続きます。ですので、初公開から70年以上が経過している監督デビュー作の『姿三四郎』(1943年)や、ヴェネツィア国際映画祭で世界の注目を集めた『羅生門』(1950年)の著作権も存続していると考えられるのです。

映画の著作権保護期間はかくも複雑なのです。

第7講

Chapter 7

映画の「嘘」を知る
——人の心を動かす映像戦略

『ボヘミアン・ラプソディ』はフィクション？

『裏窓』や『海辺のポーリーヌ』の事例では、「見えていないはずのものを見たつもりさせてしまう映画の力」についてお話しました。

最後に、最近の大ヒット作『**ボヘミアン・ラプソディ**』（ブライアン・シンガー監督、2018年）を取り上げて、今度は「見えているものが私たちを欺《あざむ》いている可能性」について考えてみたいと思います。

映画に没入する経験は何事にも代えがたい楽しみですが、私たちを取り巻く映像の洪水に飲み込まれないためにも、映像を客観的に分析するリテラシーを身につけておいて損はありません。

また、そうしたリテラシーは、自分がコンテンツを発信する側に立った際に効果的な宣伝を行なうための強力な武器となるでしょう。

『ボヘミアン・ラプソディ』は、世界的なロック・バンド「クイーン」のボーカルであるフレディ・マーキュリーを主人公に据えた伝記映画です。

「僕も見ました！　聞いたことのある曲が流れたりしてテンション爆上がりでしたよ」

日本でも大いに話題を集め、社会現象と言っていいほどのヒットを記録しました。興行収入は１３１億円に達し、年間１位を獲得しています。この年はほかに１００億円を超えた作品がありませんでしたから、文字通りぶっち切りのトップ*です。

伝記映画であるとはいえ、劇映画である以上は多かれ少なかれ脚色が施されていて当然です。じっさい、映画で描かれている時系列と史実の時系列のズレなどが熱心なクイーンのファンによって指摘されています。

「え！　そうなの？　でも、映画がおもしろかったからいいや」

ほとんどの観客は別にクイーンやフレディにまつわる歴史的事実を学ぶために映画を見に行くわけではないですからね。

リュウ君に限らず多くの観客があくまで物語として楽しむことを目的としているわけですから、脚色によってより魅力的な物語に作り変えられるのであればそうしない

＊2018年を代表するヒット　同年に公開された『カメラを止めるな!』（上田慎一郎監督）も口コミから火がつき異例の拡大公開&ロングランとなりましたが、興行収入は31億円ほどにとどまっています（もちろん、それでも大ヒットと言っていい数字です）。『ボヘミアン・ラプソディ』の人気がいかに桁違いであったかがおわかりいただけると思います。

理由はありません。

本作の魅力は、すぐれた脚色、つまり「映画的な嘘のつき方」が巧みである点に求められます。映画というのは、ときに嘘によって真実以上に真実らしさを描き出すことのできるメディアなのです。

「嘘」という言葉は、一般的にはネガティブな印象を与えるかもしれません。ですが、私たちの文化は嘘と真実が曖昧に混じり合って成立しています。また、だからこそこれほどの豊かさを獲得しているのです。

嘘を嘘であると知りながら、それでもなおその嘘と軽やかに戯れるすべを知っている人は、成熟した精神の持ち主ではないかと思います。

『ボヘミアン・ラプソディ』を例に、映画における豊かな嘘のありようを詳しく見ていくことにしましょう。

「魂に響くラスト21分」ではなかった

映画『ボヘミアン・ラプソディ』のクライマックスは、ラストに置かれているライヴ・エイドの演奏シーンです。

ライヴ・エイドとは、アフリカの飢餓を救う目的で1985年7月13日に開催された史上最大規模のチャリティ・コンサートのことです。クイーンはこの大舞台で会心のパフォーマンスを披露しました。

ライヴ・シーンの再現度の高さは、各種宣伝やレビューなどを通してさかんにアピールされていました。使用されている楽器や衣装はもちろん、会場となったウェンブリー・スタジアムのセットは、ピアノの上に置いてある灰皿や飲み物のカップ類に至るまで緻密《ちみつ》に再現しているといいます。

また、フレディ・マーキュリーを演じたラミ・マレックは、優秀なムーヴメント・コーチの助けを借りて、ライヴ当日のフレディの動きを忠実に再演しています。

ですが、映画のライヴ・エイドのシーンと記録映像をよく見ると、いくつか決定的な違いがあることがわかります。この違いに着目することで、映画の周到な戦略が浮かび上がってくるのです。

ライヴ・エイドの「完璧な再現」を売りにするこの映画は、クイーンがステージ上でパフォーマンスを披露した時間がおおよそ21分であったことにちなんで、「魂に響くラスト21分」という惹句《じゃっく》を宣伝に用いています。

ところが、映画で描かれるライヴ・エイドのシーンは、じっさいには13分30秒ほどしかありません。現実のライヴで演奏されたのは全部で6曲ですが、映画では2曲をカットしています。

にもかかわらず、ほとんどの観客は、13分30秒の映像を21分のライヴ・パフォーマンスの再現として違和感なく受け入れているようです。つまり、21分というのは、物理的時間としては嘘でも、観客の生理的時間としては正しいのです。

「21分じゃなかったなんて。映画に夢中で、文字通り時間を忘れていたよ」

とんでもないショット数

それでは、なぜこのような錯覚を与えることが可能になるのでしょうか。

その鍵を握るのは「ショットの数」です。

『ボヘミアン・ラプソディ』のライヴ・エイドのシーンと、じっさいに行なわれたライヴ・エイドの記録映像では、費やされているショットの数に大きな差があります。

　記録映像が21分を175のショットで構成しているのに対して、再現シーンは13分30秒を約360のショットに割っています。使われているショット数に倍以上の違いがあるのです。

　しかも、時間としては映画のライヴ・シーンの方が短いわけですから、両者を同じ条件で比較する必要があります。そのために、ショットの平均持続時間（ASL=Average Shot Length）を求めてみることにしましょう。

　そうすると、記録映像のASLが7・2秒であるのに対して、映画のライヴ・シーンのASLは2・3秒であることがわかります。一つひとつのショットにかけられている時間には、平均して3倍以上の開きがあるのです。映画のライヴ・シーンでは、高速編集をクイーンの音楽と結びつけることでグルーヴを増幅させ、観客に時間的な短さを感じさせな

『ストップ・メイキング・センス』
（ジョナサン・デミ監督、1984年）

アメリカのロックバンド「トーキング・ヘッズ」が1983年にロサンゼルスで行なったライヴを映画化したもの。監督はのちに『羊たちの沈黙』（1991年）でアカデミー賞主要5部門制覇を成し遂げるジョナサン・デミ。ライヴ映画の金字塔として高く評価されている。

㋑この映画の特異性は、ライヴ映画でありながら熱狂する観客の姿をほとんど写さない点にあります。カメラはもっぱらデヴィッド・バーンをはじめとするトーキング・ヘッズの面々のユニークなパフォーマンスを捉え続けます。『ボヘミアン・ラプソディ』と見比べることでそれぞれの映画の戦略が浮かび上がってくるでしょう。

いようにしているのです。

「でも、興奮した理由は、画面の切り替えのはやさだけじゃない気がします。なんか、映画の登場人物との一体感みたいなものもありました」

もちろん、たんに短いショットを畳み掛ければ即座に観客に高揚感をもたらすことができるわけではありません。それほど単純な話なら、あらゆる映画のＡＳＬはもっと短くなっているでしょう（じっさいその傾向は見られますが）。ライヴ・エイドのシーンがすぐれているのは、そこに組み入れるショットの選択が絶妙だからです。

このシーンには、じっさいのライヴでは撮影できないようなアングルや場所のショットが大量に紛れ込んでいます。

実際のシーンを引用して説明していきましょう。

「わーい。ライブ映像大好き！　アガる〜」

シーン1

もっとも象徴的なのは、会場となったウェンブリー・スタジアムの「外」にいる人々を写したショットです。

たとえば、パブのテレビでライヴを見ている人々を写したショットがスタジアムの観客のショットに織り交ぜられて編集されています。

「レディオ・ガガ」の演奏場面では、フレディのパフォーマンスに対してスタジアムの観客たちが両手を挙げて応えていますが、同様の反応を示すパブの人々のショットもここに挿入されています（**図7-1**）。

図7-1

図7-1〜7-3、7-6〜7-8、7-11　『ボヘミアン・ラプソディ』　ブライアン・シンガー監督、2018年（DVD、ウォルト・ディズニー・ジャパン、2019年）

スタジアムの観客とパブの人々の反応が同じなのであれば、ことさらパブの人々を写す必要はなかったのではないかと思うかもしれません。ですが、私の考えでは、パブの人々を写したショットはこのシーンに絶対に必要なものです。

なぜなら、テレビの画面越しにクイーンのパフォーマンスを見ている劇中のパブの人々は、映画のスクリーン越しに同じパフォーマンスに見入っている私たち観客の立場そのものだからです。

スタジアムで生の演奏を見ている観客と、その様子を見ている映画観客との間にはスクリーンという絶対的な境界線が引かれています。劇中でライヴをテレビ視聴する人々には、スタジアムと映画館を媒介し、映画観客にこの境界を乗り越えさせるための蝶番《ちょうつがい》としての役割が託されているというわけです。

クイーンが「観客との交流」を重視していたことは映画内でも繰り返し強調されていました。

ライヴ・エイドのシーンでは、その「観客」の範囲を映画の観客にまで拡張しようと試みているのです。各地で好評を博した本作の「応援上映」は、その戦略が成功している何よりの証拠でしょう。

一人で見ているはずなのに、劇中の観客と一緒に楽しんでいるかのような一体感

コメンタリー

高まる「応援上映」熱

映画館では、基本的に静かに鑑賞することが求められます。上映前には「おしゃべりを控えるように」と注意のアナウンスが入るくらいです。

それに対して、ある種の映画では応援上映（発声上映、絶叫上映）という試みが行なわれており、人気を集めています。静粛な館内で受動的に映画を鑑賞する従来のスタイルに対し、応援上映ではまわりの観客と一体となって楽しめます。

たとえば、**『アナと雪の女王』**（２０１３年）では劇中歌に合わせて観客が一緒に歌う形式の上映が行なわれ（「シング・アロング」）、**『シン・ゴジラ』**（２０１６年）の発声可能上映では、コスプレやサイリウムの持ち込みが許可されていました。こうした受容の仕方は、コンサートに近いものかもしれません。

コロナ禍の現在は、観客が声を出す形態の上映は実施できません。そこでさまざまな工夫を凝らした応援上映が登場しています。応援上映の草分け的存在としてしばしば取り上げられるアニメ「KING OF PRISM（キンプリ）」シリーズでは、Zoomミーティングを利用した「オンライン応援上映」を行ないました。

『ランボー ラスト・ブラッド』（エイドリアン・グランバーグ監督、2019年、日本公開は2020年）では、TOHOシネマズ池袋で文字を使った「超・応援上映」なるイベントが開催されています。

観客が手元のスマートフォンやパソコンに打ち込んだ応援コメントがスクリーン上に表示される仕組みです。逆境のなかにあっても、映画の楽しみ方をめぐる新たな試みが模索されているのです。

嘘が没入を誘い、「家族の絆」を感じさせる

この映画が「観客との交流」と並んで重要視しているのが「家族との絆」です。

ライヴ・エイドのシーンには、ステージ脇からパフォーマンスを見守るフレディの元恋人メアリー・オースティン（ルーシー・ボイントン）と〝友人〟のジム・ハットン（アーロン・マカスカー）、マネージャーの〝マイアミ〟・ビーチ（トム・ホランダー）を捉えたショットが複数回にわたって挿入されています。彼らも広い意味でフレ

ディの家族と言うべき存在であり、このシーンでは彼／彼女たちをきちんと映画のストーリーに組み込んで提示しているのです。

もちろん、映画はフレディと実の家族とのつながりを強調することも忘れていません。このシーンには、自宅のテレビでライヴの様子を見ているフレディの家族のショットも挿入されています。

とりわけ母親の存在は重要です。ライヴの直前にジム・ハットンとともに実家を訪れたフレディは、その帰り際に「ステージからママに投げキスを送る」と約束しており、映画ではじっさいにそれが果たされているのです。

シーン2

ライヴの最後の曲である「伝説のチャンピオン」を歌い終えたフレディは、観客席＝カメラに向かって投げキスを飛ばします（**図7-2**）。

図7-2

すると、画面はそれを受けとめる母親のショットに切り返られます（**図7-3**）。

母親はライヴ会場にはいないので、これは映像のうえでだけ成り立つ〝偽〟の切り返しになっています。このショット編集の妙によって、映画の観客にはフレディと母親の「交流」が成就したことが理解されるわけです。


また、ライヴ・エイドが目標としていた100万ポンドの寄付が集まったのがクイーンの「ハマー・トゥ・フォール」演奏中であったかのように描かれている点も、ひそかに家族のテーマと通じていると考えられるでしょう。

このチャリティ・コンサートが掲げる「アフリカ救済」という大義は、やはり直前のシーンでフレディと父親の会話を通して強調されていました。

フレディは、父親が息子に望んでいた「善き思い、善き言葉、善き行ない」を見事に実践することで、その期待に応え

図7-3

てみせたのです。

このように、ライヴ・エイドのシーンは、「完璧な再現」などではまったくありません。このシーンには映画的な潤色《じゅんしょく》がふんだんに施されており、劇中ですでに展開されているテーマ（「観客との交流」「家族との絆」）や伏線を回収する場として効果的に機能しているのです。

これらの「嘘」によって、観客は物語世界への没入を強力に促され、満足感を得ることができます。だからこそ、このラスト・シーンは多くの観客に「完璧な再現」という虚構を信じ込ませることができたのです。

史上最悪のプロパガンダ映画――『意志の勝利』の映像戦略

嘘によって映画の豊かさが増すのは確かです。ですが、それは嘘を嘘と見抜けるだけのリテラシーがあってこそのものです。

作り物を作り物として楽しんでいる限りは問題にならなくても、いつのまにか人々がそれを真実だと思い込むようになると、思わぬ危険に見舞われるかもしれません。

私は『ボヘミアン・ラプソディ』を見たときに、あるドキュメンタリー映画を連想しました。

ナチス・ドイツの呪われた芸術家レニ・リーフェンシュタール（1902-2003）が監督したことで知られる史上最悪のプロパガンダ映画**『意志の勝利』**（1935年）がそれです。

「ナチスのプロパガンダ映画と『ボヘミアン・ラプソディ』を並べるなんてとんでもない」というのが一般的な反応でしょう。

ところが、この2つの作品には共通する映像戦略があるのです。

『意志の勝利』は、1934年にニュルンベルクで行なわれたナチ党の第6回党大会を記録したドキュメンタリー映画です。

ですが、この作品を指して単に「ドキュメンタリー」と言い切ってしまうのは早計です。なぜなら、この映画には過剰なまでの演出や脚色が施されているからです。

もちろん、現実をカメラで切り取り、それを編集で再構築している以上、ドキュメンタリー映画といえどもある程度の演出や脚色は含まれるものですし、カメラを前にした人間は少なからず演技してしまうものです。しかしながら、こうした良識的な考え方に照らしても、リーフェンシュタールが『意志の勝利』で行なったことは度を超えています。

「具体的にどんな脚色をくわえているんですか?」

まず、彼女は7日間の出来事を5日間に圧縮し、党大会で行なわれた各種催しの時系列を映画のなかで入れ替えています。

さらには、ヒトラーユーゲントに演技指導を行ない、党大会が終わったあとにスタジオで追加の撮影までしています。スタジオで別撮りされたシーンを、あたかも党大会当日の出来事であるかのようにして本編に挿入しているのですから、これはもうほとんど劇映画の作り方です。

表向きは記録映画の顔をしながら、裏で大幅に加工することを私たちは一般に「ヤラセ」と呼びます。しかし、リーフェンシュタールにとってそんなことは問題ではありませんでした。

彼女が作ろうとしたのはありきたりな「ニュース映画」などではなく、それを見た誰もが驚き感動するような「芸術映画」なのです。

それでは、現実を歪曲した「芸術映画」によって、リーフェンシュタールが目指していたものは何だったのでしょうか。

それは「総統と大衆の絆」を見せつけ、「ヒトラーの神格化」を強力に推し進めることです。

結果から言えば、リーフェンシュタールの目論見は大成功を収めました。彼女が作り上げた虚構の映画は、現実をはるかに凌駕《りょうが》する力を持ってしまったのです。

ここで「総統＝ヒトラー」を「フレディ・マーキュリー」に、「大衆」を「ファン」に置き換えると、『ボヘミアン・ラプソディ』のテーマと見事に一致することがおわかりいただけるでしょうか。大ヒットを記録した本作の物語は、「クイーンとファンの絆」を強調し、「フレディの神話化」に大きく貢献するものでした。

そして、ほぼ同様のテーマを効果的に描き出すために『ボヘミアン・ラプソディ』が採用している映像戦略は、密かに『意志の勝利』のそれと通じ合っているのです。

悪用厳禁！　劇的効果を高める4つのテクニック

時系列の操作や時間の圧縮によって劇的効果を高める『意志の勝利』の手法は、先に見たように『ボヘミアン・ラプソディ』が採用している基本的な戦略でした。
両者に共通する戦略を洗い出してみることにしましょう。

テクニック1　猫

まず、どちらの映画も作中に猫を登場させていることは注目に値します。

「え、そんなことが？　ただの猫ですよね？」

侮《あなど》ってはいけません。より正確な言い方をすれば「カリスマ的なスターを見つめる猫のまなざしを描き出している」点が同じなのです。これは決して瑣《さ》末《まつ》な問題ではありません。

『意志の勝利』では、序盤のシーンに猫が登場します。この猫は、総統専用機から降り立ち、宿泊先のホテルへとオープンカーで向かうヒトラーをニュルンベルクの市民が熱烈歓迎するシーンに顔を出します。

ここにはきわめて劇映画的な編集が見られます。この場面について、スティーヴン・バックは『レニ・リーフェンシュタールの嘘と真実』（清流出版）のなかで次のように述べています。

ヒトラーの視点を示唆するかのように、大衆がかわるがわる画面に

宮尾大輔**『映画はネコである はじめてのシネマ・スタディーズ』**（平凡社新書、2011年）

本書は猫を案内役にしたユニークな映画入門書です。オードリー・ヘプバーン主演の『ティファニーで朝食を』（ブレイク・エドワーズ監督、1961年）やペ・ドゥナ主演の『子猫をお願い』（チョン・ジェウン監督、2001年）など、古今東西の猫が登場する映画を取り上げつつ、基本的な映画のスタイルやテクニック、映画理論や歴史を紹介してくれます。猫の習性がこうした説明と相性がよいことに気づいたのは著者の慧眼と言えるでしょう。そもそも猫は、映画史の最初期から被写体として選ばれてきた動物です。本書の「はじめに」でも言及されていますが、エジソン社が作った初期映画のなかには『ボクシングする猫』（1894年）というユニークな作品があります。猫好きの方には特にオススメの映画入門書です。

登場し、熱狂的に喝采しながら、腕を高く掲げたヒトラー式の敬礼をする。（中略）総統と目が合ったという設定で、彼らのまなざしには、秩序、規律、感謝に満ちた従属を通した喜びがあふれている。[1]

そのうえで「窓辺にいる猫さえも目を上げて総統の行進を見送」っているのです（**図7-4**）（**図7-5**）。

つまりリーフェンシュタールは、ヒトラーと大衆（女性や子どもの姿を恣《し》意《い》的に選択している点も見逃せません）のあいだであたかも視線の交換が行なわれているかのように映像を編集し、あまつさえそこに猫までくわえたというわけです。

〝ナチの党員だけでなく一般市民たる女性や子ども、はては猫にまで好かれる人物が悪者であるはずがない〟とでも言わんばかりに。

これらの映像のなかには別の日に撮影されたと考えら

図7-4

図7-4, 7-5, 7-9, 7-10, 7-12　『意志の勝利』レニ・リーフェンシュタール監督、1935年（DVD、是空、2010年）

れるものが平気で含まれています。

ドイツ文学・文化史研究者の瀬川裕司は、そもそも「大声援による歓迎は、到着当日のパレードでは存在しなかったという歴史的事実」が明らかになっていると述べ、リーフェンシュタールが現実を作り変えたことを指摘しています。[2]

となると、この猫の瞳に本当にヒトラーの姿が映っていたかどうかはかなり疑わしいでしょう。

『ボヘミアン・ラプソディ』に登場する猫はどうでしょうか。フレディが猫好きだったということもあり、劇中には何度か猫の登場シーンがありますが、ここではラストのライヴ・エイドの場面に着目しましょう。

先ほど確認したように、ライヴ・エイドのシーンには、じっさいのライヴ観客が経験できないような空間の操作が見られました。

図7-5

クイーンがパフォーマンスを行なっているウェンブリー・スタジアムの「外」の映像が挿入されており、実家のテレビでライヴを視聴しているフレディの家族や、パブのテレビで視聴している市井《しせい》の人々、寄付の電話が殺到する事務所の様子などが提示されていました。

これらのショットによって強調されるのは「クイーンとファンの絆」の物語ですが、この文脈上に猫が登場するのです。「レディオ・ガガ」を歌い終えたあと、フレディが「エーオー」というおなじみの発声練習のパフォーマンスを始めると、カメラはフレディの自宅へと飛び、その様子をテレビ越しに視聴している彼の愛猫たちを捉えるのです（**図7-6**）。

フレディのパフォーマンスを見守る猫を挿入することで、クイーンを支える多種多様なファンの範囲を人類以外にまで押し広げようとしているかのようです。

本作では猫でしたが、動物の持つ純粋さのイメージ（犬の忠実さなど）を巧みに活用した映画は少なくありません。

図7-6

テクニック2 具体化×抽象化

もちろん、演説やライヴの撮影それ自体もきわめて戦略的に行なわれています。

『ボヘミアン・ラプソディ』では、ステージ上のフレディと彼のパフォーマンスに熱狂する人々のショットがきわめて効果的に配置されており、それがフレディのイメージを「神話化」「伝説化」することに一役も二役も買っています（じっさい、ライヴ前の練習場面でフレディは、自分が「伝説」になることを予言的に口にしていました）。

スタジアム内のショットは、観客を群衆として捉えたショットと、個々の観客の顔を（相対的に）アップで捉えたショットがバランスよく配置されています（**図7-7**）（**図7-8**）。

これはヒトラーの演説シーンにも見られる撮影・編集です。

図7-7

図7-8

図7-9

図7-10

ヒトラーの言葉に耳を傾け、熱狂する大観衆を見せつつ、顔が判別できる程度のアップで撮られた党員を随所に挿入しています（**図7-9**）（**図7-10**）。

抽象化して見せることで大勢の人々の熱狂を示すと同時に、その熱狂している大衆の一人ひとりが具体的な存在であることを印象づけているのです。

テクニック3 多様性の演出

また、『ボヘミアン・ラプソディ』では、ライヴ・エイドのシーンで最初にあらわれる観客席のアップのショット内に黒人女性を置くことで「政治的正しさ」をアピールすることにも余念がありません。

多民族の祭典であるオリンピック精神に倣《なら》っているといったらこじつけに聞こえるでしょうか。

1936年のベルリン・オリンピック開催に際しては、ナチスでさえ国際世論に配慮してユダヤ人迫害政策を一時的に緩和しており、リーフェンシュタールが監督した『**オリンピア**』（1938年）には黒人選手の活躍もしっかり記録されています。

テクニック4 ロー・アングル

ステージ上を捉えたショットで興味深いのは、観客席のただなかからロー・アングルで仰ぎ見るように撮影されたショットの存在です（**図7-11**）。このようなショットはライヴの記録映像には存在しません。

偶像化したい被写体を仰角で捉える構図は、『意志の勝利』を通してリーフェンシュタールがヒトラーに割り当てたものにほかなりません（**図7-12**）。

ライヴ・エイドの最後に「伝説のチャンピオン」を熱唱したフレディは、劇中のスタジアムの観客のみならず、それを見ている映画の観客まで虜《とりこ》にし、自身のイメージを神話化するための「歴史戦」に見事に勝利してみせたのだ、と言ったら意地が悪すぎるでしょうか。

図7-11

ヒトラーを描くか、フレディを描くか

いかがでしょうか？　『意志の勝利』と『ボヘミアン・ラプソディ』に共通する映画手法の存在がご理解いただけたかと思います。

リーフェンシュタールの『意志の勝利』で描き出されたのが「ヒトラーの神格化」「ヒトラーと大衆の絆」であり、それによって「ヒトラーの神格化」が促されたのだとすれば、同様に『ボヘミアン・ラプソディ』は「フレディとファンの絆」を強調し、「フレディの伝説化」を強力に推し進めたのです。

とはいえ、2つの作品に共通するものがあるとして、何が問題なのでしょうか。

そもそも、2つの映画にはあまりにも大きな違いがあります。

図7-12

『意志の勝利』の中心にいた〝スター〟が史上最悪の独裁者であったのに対し、『ボヘミアン・ラプソディ』の中心にいるのは愛すべきロックスターです。しかも、そのロックスターはすでに鬼籍に入っており、戦争の引き金になる恐れもありません。

破滅的な世界大戦を引き起こしたナチスの協力者として、戦後のリーフェンシュタールが激しい非難に晒されたのはやむを得ないことだったでしょう。ですが、『ボヘミアン・ラプソディ』のようなフィクション映画が作中人物をいくら魅力的に描き出しても、特に責められるいわれはなさそうです。

そうであるとすれば、リーフェンシュタールの過ちは、ドキュメンタリー映画という枠組みのなかで、よりにもよってヒトラーを魅力的に描いてしまったことに尽きるのでしょうか。

結果としてナチスのプロパガンダに加担してしまった点は擁護できないとして、よくも悪くも彼女の作品が力を持っていたことを否定する人間はほとんどいません。

リーフェンシュタールについては「政治的なセンスが欠けていたために困難な人生を歩むことになってしまった悲劇の芸術家」という受け止め方も根強く存在しており、「美の殉教者」と呼ばれることもあります。

ヒトラーやナチズムの思想に共鳴していたわけではなく、美しい映像を追い求めることに夢中になりすぎたあまり、そこに潜んでいた政治的危うさに気づくことができなかったという「無垢な芸術家」のイメージは、後年のリーフェンシュタール自身も積極的にアピールしようとした節があります（じっさいには、彼女自身がヒトラーやナチズムに少なからぬ共感を抱いていたようですが）。

瀬川裕司は、リーフェンシュタールのそのような自己演出を相対化しつつも、彼女に対する同情を禁じえないようで、次のような論法で擁護を試みています。

すなわち、ドイツ生まれのリーフェンシュタールの活動期にたまたま政権の座に就いたのがナチ党であり、たまたま撮影したのがヒトラーやベルリン・オリンピックだったのが問題視されただけで、もし彼女がアメリカに生まれて、合衆国大統領やロス五輪の記録映画を撮っていたとすれば、「ファシスト美学」の体現者などと呼ばれることはなく、彼女の映画は見事な「芸術作品」として世界的な評価を受けただろうと。

おそらくそのとおりなのでしょう。じっさい、先の大戦中に合衆国軍部からの要請に基づいて芸術的なプロパガンダ映画「我々はなぜ戦うのか」シリーズを製作したフランク・キャプラ（1897-1991）にそのような非難が向けられることは、現在ほとんどありません。

被写体が悪玉だったために責められ、これが善玉だったら賞賛されるのだとすれば、警戒しなければならないのは、それを可能にするような映像的な修辞法ではないでしょうか。

リーフェンシュタールが洗練させた各種の映画技法は、どうやら撮影対象の如何を問わず広範な応用が効く代物であるようなのです。

嘘を見抜けるリテラシーを持て

相手がヒトラーであれ、ルーズベルトであれ、チャーチルであれ、スターリンであれ、あるいはアフリカのヌバ族*であれ、美しいサンゴ礁に住まう水生生物たちであれ、リーフェンシュタールがそれらの対象を過度に美化して描き出すことができるというのであれば、それを「ファシズムの美学」と呼ぶかどうかはもはや問題ではなくなるでしょう。

もしもリーフェンシュタールが現代に生きていたら、『ボヘミアン・ラ

フランク・キャプラ

Frank Russell Capra (1897-1991)

スクリューボール・コメディの傑作『或る夜の出来事』（1934年）や、人民喜劇の代表作『スミス都へ行く』（1939年）、のちにクリスマス映画の定番となった『素晴らしき哉、人生!』（1946年）などを監督しました。『或る夜の出来事』はアカデミー賞の主要五部門（作品賞、監督賞、主演男優賞、主演女優賞、脚本賞）を制覇した初めての映画です。第二次世界大戦中は「我々はなぜ戦うのか」というプロパガンダ映画のシリーズを監督しています。このシリーズの第6作目は日中戦争を描いた『ザ・バトル・オブ・チャイナ』（1944年）で、日本軍が行なった残虐行為の記録として頻繁に引用されることになります。

プソディ』を撮っていたのは彼女だったかもしれません。

念を押しておきますが、私は『ボヘミアン・ラプソディ』を批判したいわけではありません。むしろ高く評価しているからこそ、このようなことを言っているのです。『意志の勝利』との共通点として挙げた『ボヘミアン・ラプソディ』の要素は、そのままこの映画の美点となりうるものです。しかも、この映画が美化を試みたのは、邪悪な独裁者ではなく、あくまで愛すべき猫好きのロックスターなのですから。

それならば、何がひっかかっているのか。

どのような対象でも美化できる映画的修辞の存在と、それが娯楽映画に使われて大成功を収めたという事実です。

美化の対象が善良な人物であればさしあたり現実的な危険はないですが、その力を邪悪な野望を抱えた人物に利用された場合を危惧しているのです。

「たしかに、ネット全盛の時代で、動画がメインストリームになりつつあるいまこそ、心に留めておかないといけないことなのかも」

＊**ヌバ族**　戦後のリーフェンシュタールが被写体に選んだのがヌバ族や海中でした。

ある人物が善玉か悪玉かは単純には決められません。人間も世の中も、それほど単純ではないからです（あからさまに悪いことをしようとして悪者ぶるような人物であれば恐れるに足りないでしょう）。

『意志の勝利』が公開された1935年当時のヒトラーがまさにそうでした。この時点では、彼が善玉なのか悪玉なのか、多くの人が判断を保留している状態だったのです。

猫の可愛らしさに容易《たやす》く籠絡《ろうらく》されてしまう人類に、将来にわたって的確な善悪の判断を下しつづける能力があると信じられるほど、私は楽天家ではいられません。

だからこそ、嘘を嘘と見抜き、そのうえで楽しむことのできるリテラシーが必要だと訴えているのです。

それは映画に限った話ではありません。特に、インターネット上をデマ情報とそれに基づく誹謗中傷が飛び交い、ポスト・トゥルースなどと言われるようになって久しい現代には不可欠なスキルではないでしょうか。

「少し熱くなってしまいました……。「映画の見方」についての講義は以上です。次回は最後の講義です。これまでの内容をよく復習したうえで、臨んでくださいね」

Homework

1

興奮した映画作品にどんな技法が使われていたか冷静に検討してみよう!

2

第7講で紹介した「4つのテクニック」が使われている動画を探してみよう!

INTER MISSION

映画資料の保存と活用

映画の保存には多くの手間と費用がかかります。フィルムの場合は物理的に場所をとるため巨大な空間が必要だからです。さらには、劣化を防ぐために温度調整を行なわなければなりません。当然、それらを管理するスタッフの人件費もかかってきます。古いフィルムのなかには可燃性のものもあり（昔の映画館ではよく火災が発生しました）、その場合は法令の定めに従ったよりデリケートな扱いが求められます。

日本では、国立映画アーカイブ（２０１８年４月に東京国立近代美術館フィルムセンターから改組）が、日本最大のフィルムアーカイブとしてフィルムの保存と上映を行なっています。

フィルムセンター時代の１９８４年には、フィルム保管倉庫でフィルムの自然発火と見られる火災が発生し、洋画３２０作品のフィルムが消失しています。

川崎市市民ミュージアムも映像資料の収集に力を入れていることで知られます。２０１９年の台風19号による同ミュージアムの浸水被害のニュースは、記憶に新しいところでしょう。このように資料の保存にはリスクがつきものなのです。

ほかにも国内には官民さまざまなアーカイブが存在します。成田空港建設の歴史を伝えることを目的とする空と大地の歴史館は、小川紳介が三里塚闘争を記録した「三里塚シリーズ」のフィルムを所蔵するユニークなアーカイブでもあります。関西では京都文化博物館やプラネット映画資料図書館（神戸映画資料館）が膨大なフィルムを所蔵しており、上映活動を行なっています。

映画資料はフィルムだけではない

映画資料といえばフィルム資料が重要視されがちですが、近年はそれ以外の資料（ノンフィルム資料）にも注目が集まっています。ノンフィルム資料とは、台本やスチール写真、ポスター、プレスシートなどのことで、アニメーション作品の原画などもここに含まれます。

川喜多記念映画文化財団や鎌倉文学館には、小津映画のノンフィルム資料が大量に寄贈・寄託されており、私も自分の研究を進めるうえで大変お世話になっています。

２０１９年に発生した京都アニメーション放火殺人事件では、原画などの紙資料も焼失してしまいましたが、コンクリートに覆われたサーバールーム内のサーバーからデジタル化されていたデータの回収に成功しています。ノンフィルム資料の保存と活用も切実な課題となっているのです。

私は現在、大学で非常勤講師として働くかたわら、東映太秦映画村・映画図書室でもスタッフとして勤務しています。ここは膨大なノンフィルム資料のコレクションを有しています。資料閲覧者の対応とともに、その資料の整理が私の主な業務内容です。

まずは資料が残されていることが何より重要ですが、残っていてもどこになにがあるのかきちんと整理された状態でなければ活用することができません。映画村では、京都大学、文化庁の外郭団体であるＶＩＰＯ（映像産業振興機構）と協働し（産官学協働）、資料の整理とデータベースの再構築を進めてきました。

その成果として結実したのが映画図書室です。

資料を保存するためにはどうしてもお金がかかりますが、保存している資料でその資金を回収するのは容易ではありません。とりわけノンフィルム資料の場合は、活用の幅が制限されてしまうのが現状です。

資料展を開いても、一過性のものに終わってしまいがちです。これは非常にもったいないことだと思います。

台本（関係者の書き込みが残ったものや、台本以前の草稿も含まれる）やスチール写真、ポスターの有効な活用方法には大きなビジネスチャンスがあると考えていますが、残念ながら私自身は有効なアイデアを持っていません。ぜひとも読者のみなさまのお知恵を拝借したいところです。

カリフォルニア州オークランドにあるパラマウント・シアターの内観。1931年に完成した同シアターは、往時のピクチュア・パレス（映画宮殿）の威容を現在にまで伝える。二階席を含めて収容人数は3,000人を超える（筆者撮影）

最　終　講

Final Chapter

あなたの感想が世界を変える
——情報を整理し、表現する力

映画を見たあとも重要

ここまでの講義では、映画を見ることの効用、映画を見るにあたって知っておくと役に立つ映画史の知識、映画を分析的に鑑賞する方法を紹介してきました。

これらは映画を見る前、あるいは映画を見ている最中に主眼を置いた内容でした。

それを踏まえたうえで、最終講では「映画を見たあとのアウトプット法」について解説していきます。

映画をただ見るだけでなく、何かを生み出したり、発信したりすることで、次に見るべき作品が自ずと浮かび上がってきたり、作品鑑賞の質が向上したりします。映画体験のサイクルをスムーズに回すためには、適切なアウトプットが重要な鍵を握っているのです。

「アウトプットといっても、いったいどんなことをすればいいのですか?」

映画を見たあとのアウトプットというと、真っ先に連想されるのは「感想を書くこと」ではないでしょうか。

もちろん、それも有効な方法です。映画を見た直後の自分の感想を記録しておけば、あとで読み返したときに当時の記憶が鮮明に蘇ってくることでしょう。

ですが、映画に限らず感想を書くというのはなかなか難しいものです。学生時代に読書感想文で苦労された経験をお持ちの方は多いことでしょう。

「おもしろかった」「つまらなかった」「あの場面/俳優がよかった」といった感覚的なことならすぐに言えます。

映画に対する第一印象はもちろん大事にするべきですが、とはいえそれだけでは広がりをもたずに終わってしまいますよね。オリジナリティのある感想を発信するためにはどうしたらいいのでしょうか。手軽にできるものから順を追って紹介していきたいと思います。

まずは鑑賞記録をつけてみる

最も手軽に行なえるアウトプットは、映画の鑑賞記録をつけることです。

見た映画を片っ端から記録していくのです。

現在はアプリを使って鑑賞記録を残すこともできますが、私自身はアナログな人間ですので学生時代からルーズリーフに手書きしたものをファイリングし続けています（左ページ参照）。ご自身の好みのツールを使ってください。

最初の段階では、必ずしも感想を書き込む必要はありません。

初めから「感想を詳細に記録しよう」と意気込んでしまうと、長続きせず途中で挫折してしまいます。

記録する内容は、鑑賞した日付、映画のタイトル、監督名、主要なスタッフや出演俳優、上映時間（映画の長さ）、初公開年を基本事項にしています。

まずはこの程度で十分です。これをルーズリーフの一行に収まる分だけ書き込んでおきます。

必ずしも、きれいな字で書く必要はない

客観的な情報をたんたんと書けばいい

イトウ先生の映画ノート

4/1(木)『トイ・ストーリー』(監)ジョン・ラセター(脚)ジョス・ウェドン他(音)ランディ・ニューマン(声)トム・ハンクス、ティム・アレン、81分、1995年。 DVD
4/2(金)『スペース カウボーイ』(監)(主)クリント・イーストウッド(撮)ジャック・N・グリーン(編)ジョエル・コックス(出)トミー・リー・ジョーンズ、130分、2000年。 prime video
4/3(土)『オデッセイ』(監)リドリー・スコット(脚)ドリュー・ゴダード(撮)ダリウス・ウォルスキー(出)マット・デイモン、ジェシカ・チャステイン、141分、2015年。 TOHOシネマズ
4/4(日)『博士の異常な愛情』(監)(脚)スタンリー・キューブリック(撮)ギルバート・テイラー(編)アンソニー・ハーヴェイ(出)ピーター・セラーズ、93分、1964年。 DVD
4/5(月)『カメラを止めるな!』(監)(脚)(編)上田慎一郎(撮)曽根剛(出)濱津隆之、しゅはまはるみ、真魚、96分、2017年。 MOVIX
4/6(火)『君の名は。』(監)(脚)(原)(編)新海誠(企)川村元気(美)丹治匠(音)RADWINPS(声)神木隆之介、上白石萌音、107分、2016年。 TOHOシネマズ
4/7(水)『國民の創生』(監)(脚)(製)(編)D・W・グリフィス(撮)ビリー・ビッツァー(出)リリアン・ギッシュ、メエ・マーシュ、エルマー・クリフトン、165分、1915年。 DVD
4/8(木)『お早よう』(監)(脚)小津安二郎(脚)野田高梧(撮)厚田雄春(音)黛敏郎(出)佐田啓二、久我美子、笠智衆、94分、1959年。 Blu-ray
4/9(金)『浮雲』(監)成瀬巳喜男(原)林芙美子(脚)水木洋子(撮)玉井正夫(出)高峰秀子、森雅之、岡田茉莉子、124分、1955年。 Netflix
4/10(土)『用心棒』(監)(脚)黒澤明(脚)菊島隆三(撮)宮川一夫(音)佐藤勝(出)三船敏郎、仲代達矢、志村喬、110分、1961年。 DVD
4/11(日)『荒野の用心棒』(監)セルジオ・レオーネ(音)エンニオ・モリコーネ(撮)ジャック・ダルマス(マッシモ・ダラマーノ)(出)クリント・イーストウッド、96分、1964年。 DVD
4/12(月)『ゴッドファーザー』(監)フランシス・フォード・コッポラ(撮)ゴードン・ウィリス(音)ニーノ・ロータ(出)マーロン・ブランド、アル・パチーノ、177分、1972年。 TOHOシネマズ
4/13(火)『シンドラーのリスト』(監)(製)スティーヴン・スピルバーグ(撮)ヤヌス・カミンスキー(編)マイケル・カーン(出)リーアム・ニーソン、ベン・キングスレー、195分、1993年。 Netflix
4/14(水)『踊る大捜査線 THE MOVIE』(監)本広克行(脚)君塚良一(撮)藤石修(出)織田裕二、柳葉敏郎、深津絵里、119分、1998年。 prime video
4/15(木)『大人は判ってくれない』(監)(脚)(製)フランソワ・トリュフォー(撮)アンリ・ドカエ(出)ジャン=ピエール・レオ、クレール・モーリエ、99分、1959年。 早稲田松竹
4/16(金)『勝手にしやがれ』(監)(脚)ジャン=リュック・ゴダール(撮)ラウール・クタール(出)ジャン=ポール・ベルモンド、ジーン・セバーグ、メルヴィル、90分、1960年。 目黒シネマ
4/17(土)『ミツバチのささやき』(監)(脚)ビクトル・エリセ(製)エリアス・ケレハタ(音)ルイス・デ・パブロ(出)アナ・トレント、フェルナンド・フェルナン・ゴメス、99分、1973年。 京都シネマ
4/18(日)『お遊さま』(監)溝口健二(脚)依田義賢(撮)宮川一夫(美)水谷浩(音)早坂文雄(出)堀雄二、田中絹代、乙羽信子、95分、1951年 京都文化博物館
4/19(月)『東京物語』(監)(脚)小津安二郎(音)斎藤高順(編)浜村義康(出)原節子、東山千栄子、杉村春子、香川京子、136分、1953年。 Blu-ray
4/20(火)『東京画』(監)(脚)ヴィム・ヴェンダース(撮)エド・ラッハマン(出)笠智衆、厚田雄春、ヴェルナー・ヘルツォーク、93分、1985年。 DVD
4/21(水)『風立ちぬ』(監)(脚)(原)宮崎駿(製)鈴木敏夫(音)久石譲(声)庵野秀明、瀧本美織、スティーブン・アルパート、126分、2013年。 TOHOシネマズ
4/22(木)『パラサイト』(監)(脚)(製)ポン・ジュノ(製)クァク・シネ(撮)ホン・ギョンピョ(出)ソン・ガンホ、イ・ソンギュン、パク・ソダム、132分、2019年。 MOVIX
4/23(金)『海街diary』(監)(脚)(編)是枝裕和(撮)瀧本幹也(音)菅野よう子(出)綾瀬はるか、長澤まさみ、夏帆、広瀬すず、126分、2015年。 TOHOシネマズ
4/24(土)『裏窓』(監)アルフレッド・ヒッチコック(撮)ロバート・バークス(編)ジョージ・タマシーニ(出)ジェームズ・スチュアート、グレース・ケリー、112分、1954年。 prime video
4/25(日)『海辺のポーリーヌ』(監)(脚)エリック・ロメール(撮)ネストール・アルメンドロス(出)アマンダ・ラングレ、アリエル・ドンバール、95分、1983年。 DVD
4/26(月)『ローマの休日』(監)ウィリアム・ワイラー(脚)ダルトン・トランボ(撮)アンリ・アルカン(出)オードリー・ヘプバーン、グレゴリー・ペック、118分、1953年。 Netflix
4/27(火)『シェーン』(監)(製)ジョージ・スティーヴンス(撮)ロイヤル・グリッグス(出)アラン・ラッド、ジーン・アーサー、ヴァン・ヘフリン、118分、1953年。 DVD
4/28(水)『ボヘミアン・ラプソディ』(監)ブライアン・シンガー(製総)デクスター・フレッチャー(音)(編)ジョン・オットマン(出)ラミ・マレック、ルーシー・ボイントン、134分、2018年 T・ジョイ
4/29(木)『ストップ・メイキング・センス』(監)ジョナサン・デミ(撮)ジョーダン・クローネンウェス(音)(出)トーキング・ヘッズ(デヴィッド・バーン他)、88分、1984年。 DVD
4/30(金)『意志の勝利』(監)(脚)(編)レニ・リーフェンシュタール(撮)ゼップ・アルガイヤー(音)ヘルベルト・ヴィント(出)アドルフ・ヒトラー、ヨーゼフ・ゲッベルス、114分、1935年。 DVD
5/1(土)『或る夜の出来事』(監)フランク・キャプラ(脚)ロバート・リスキン(撮)ジョセフ・ウォーカー(出)クラーク・ゲーブル、クローデット・コルベール、105分、1934年。 prime video
5/2(日)『オズの魔法使』(監)ヴィクター・フレミング(製)マーヴィン・ルロイ(撮)ハロルド・ロッセン(出)ジュディ・ガーランド、ビリー・バーク、101分、1939年。 Netflix
5/3(月)『山椒大夫』(監)溝口健二(製)永田雅一(脚)八尋不二(撮)宮川一夫(出)田中絹代、花柳喜章、香川京子、124分、1954年。 DVD
5/4(火)『彼岸花』(監)(脚)小津安二郎(製)山内静夫(撮)厚田雄春(出)佐分利信、有馬稲子、山本富士子、久我美子、118分、1958年 MOVIX
5/5(水)『大和(カリフォルニア)』(監)(脚)宮崎大祐(撮)芦澤明子(編)平田竜馬(出)韓英恵、遠藤新菜、片岡礼子、119分、2018年。 京都みなみ会館
5/6(木)『ブレードランナー』(監)リドリー・スコット(撮)ジョーダン・クローネンウェス(音)ヴァンゲリス(出)ハリソン・フォード、ルトガー・ハウアー、116分、1982年。 DVD

時間にして2、3分もあれば終わります。少し検索して複数の映画情報サイトに当たり、書かれている情報をコピペするだけでも構いません。とにかく時間をかけないことが重要です。

作品名を間違えないようにするには

この作業のポイントは、アウトプットを行ないつつ、同時に知識をインプットできる点です。

正確な記録をつけるためには映画の情報を調べなければなりません。また、じっさいに手を動かすことで、映画の正式なタイトルと監督名を紐づけて覚えておくことができます。

映画のタイトルは意外と間違いやすいものです。

たとえば、初期のカラー長編作品の代表格として知られる『**オズの魔法使**』（ヴィクター・フレミング監督、1939年）は、正式な邦題には送り仮名がついていません。原作小説の邦題は『オズの魔法使い』で、こちらは送り仮名がついています。

あるいは、戦前の日本映画のなかにも、現在とは送り仮名の規則が異なるために頻繁にタイトルを間違われる作品が存在します。

小津安二郎のサイレント期の傑作『**大人の見る繪本 生れてはみたけれど**』（1932年）を『生まれてはみたけれど』と誤って表記している出版物を何度も目にしたことがあります。

論じている対象の作品名を間違っていては、説得力が半減してしまいかねません。

タイトルの誤りに敏感な読者も一定数います。ビジネスに当てはめると、取引先の会社の名前を間違えたり、担当者の名前を間違えたりするのが大変な失礼にあたるのと同じかもしれません。

『大人の見る繪本 生れてはみたけれど』
（小津安二郎監督、1932年）

主人公の吉井健之介（斎藤達夫）は、出世の機会をうかがうために重役の岩崎（坂本武）の家の近くに引っ越す。健之介の2人の息子は、地元の悪ガキたちと喧嘩をし、やがて仲良くなって一緒に遊ぶようになるが、そのなかには岩崎の息子がいた。ある日、岩崎の自宅でホームムービーの上映会が催される。吉井の2人の息子も上映会に参加するが、スクリーンには岩崎の機嫌を取ろうとして道化を演じる父親の情けない姿が映し出されていた。「自分の父親がいちばんえらい」と信じていた兄弟は、上司にこびへつらう父の姿を見て社会の現実を知ることとなる。憤慨した2人は父親に抗議し、父親も子どもを幻滅させてしまったことを後悔する。母親（吉川満子）が子どもたちをなだめ、親子は和解していつも通りの日常が戻ってくる。ただし、息子たちは少しだけ大人に近づいているのである。

㋑小津安二郎のサイレント期の代表作。同年のキネマ旬報ベスト・テンで第1位を獲得した。子どもの眼を通してサラリーマンの悲哀を描き出した傑作です。

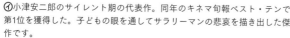

スタッフ・クレジットに注目せよ

作品名と監督名にくわえて私が重視しているのがスタッフの名前です。というのも、映画の品質を下支えしているのは、往々にして各分野のベテランスタッフたちだからです。名の知れたスタッフの名前を覚えておくと、次の鑑賞に役立てることができます。

じっさい、映画ファンのなかには、監督や出演俳優ではなく参加スタッフをたどって映画を鑑賞する人もいます。名画座などでも、しばしばカメラマンや美術監督にフィーチャーした特集上映*のプログラムが組まれているくらいです。

たとえば、宮川一夫という日本を代表する名カメラマンがいます。

宮川は、黒澤明や溝口健二、伊藤大輔といった錚々《そうそう》たる監督の作品にカメラマンとして参加しました。ヴェネツィア国際映画祭で世界的な注目を集めた黒澤の『**羅生門**』(1950年)や溝口の『**雨月物語**』(1953年)、『**山椒大夫**』(1954年)でカメラを回したのは宮川でした。1964年に開催された東京オリンピックの記録映画にもカメ

＊**特集上映**　2018年は宮川一夫の生誕110年に当たっており、各地で特集上映のプログラムが組まれました。日本国内だけでなく、4月にはニューヨーク近代美術館（MOMA）で特集上映が催されています。その年の9月～10月にかけては、京都文化博物館で「映画撮影監督宮川一夫の世界」と題した特集プログラムが組まれました。

ラマンとして参加しています。

記録をつけ続けていると「このスタッフはこの作品にも参加していたのか」「この人はこの監督の映画でいつも撮影を担当しているな」といったことがだんだんとわかってきます。

映画研究や映画批評の本を読んで知識を得るのもひとつの方法ですが、鑑賞記録をつけることでそうした知識を無理なく自然と身につけることができるのです。

また、スタッフの名前を知っていると、「特集上映」に対する感度が上がります。一度、足を運んでみるのもいいでしょう。

スタッフに重点を置いた特集上映に通うと、必然的にさまざまな監督によってさまざまな時期に撮られた多様な作品に触れることになります。そうした経験を積み重ねることで、映画鑑賞の幅を広げることができます。

スタッフの名前を意識するようになると、映画を見るときにも自ずとそのスタッフの「職分」に注意を向けるようになります。

宮川一夫のような名カメラマンと呼ばれる人が撮影を担当していることを知ってい

れば、映画のなかでどのような撮影法を実践しているのか、それがどういった効果をあげているのかを考えるきっかけになります。

カメラと照明の仕事は切っても切り離せませんので、カメラに注目していると今度は照明が気になってきます。モノクロ映画の美しい陰影を生み出すためにどのような照明上の工夫が施されているのかにまで意識が向くようになれば、映画鑑賞の質は圧倒的に深まるでしょう。

あるいは、美術も映画のリアリティを支える重要な仕事です。また、映画には編集ひとつで印象がガラリと変わってしまうという面もあります。

映画づくりには多くのスタッフが関わっていますが、記録をつける際にはスペースの関係から2、3名に絞る必要があります（作品によっては丸々省略することもあります）。

物理的な紙幅の制約から対象を限定しなければならないのもミソで、そこで誰を取り上げるべきかという判断が求められます。当然、映画に対する貢献度を考えることになり、自分のなかでその映画の印象が整理されるのです。

「私の場合は、脚本家、カメラマン、美術から選ぶことが多いです。どのスタッフに注目するかは、個人の自由です。動画や写真を撮るのが趣味なら、お気に入りのカメラマンを見つけるのもよし。音楽が好きなら、映画の世界観を盛り上げる作曲家に注目してもいいでしょう」

鑑賞記録は「私的なメモ」

記載する人数を制限しなければならないのは出演俳優についても同様です。

主人公とヒロインは外せないとして、もう一人挙げるとすればどの脇役を選ぶべきか。その選択にはやはり、作品に対するあなたの主観的な判断が自然と反映されることになるでしょう。

どこの映画館で見たのか、あるいはＤＶＤなのかＶＨＳなのか、動画配信なのか。こういった情報は、記録を見返す際に鑑賞時の記憶を呼び起こす鍵となります。

映画の印象はそれを見たときの状況に強く依存します。また、その作品について何か書くためのきっかけを与えてくれることもあります。「隣の観客があるシーンで涙ぐんでいた」「観客の子どもたちが大笑いしていた」というような具体的なエピソードを組み込むことで、感想に幅が出ることがあるのです。

鑑賞記録のつけ方について細々したことを述べてきましたが、肝心なのはまずやってみることです。最初から完璧な記録を作成しようとして気合いを入れすぎると、すぐに億劫になって投げ出してしまいます。

鑑賞記録は誰かに見せるためのものではなく、あくまで私的なメモの延長です。修正をくわえながら、徐々に自分の記録スタイルを確立していけばよいのです。

そして、ぜひ定期的に見返してください。

脇役に注目してみる

地道に書き続けた記録は、それ自体がいつかあなたの財産になることでしょう。

編集力とプレゼン力を鍛える

さて、それではこの講義のメインテーマである「感想の書き方」に話を移します。

ここでいう「感想」は「コメント」と言い換えてもいいでしょう。感想力、あるいはコメント力*を身につけておくことは、ビジネスシーンにおいても有用です。

たとえば商談の場などで、取引相手とふとした雑談を交わす機会があるとします。その際、相手が何か印象的なエピソードを話してくれたときに、「すごいですね」「うらやましいです」といった無難な反応しか示せないのと、とっさに気の利いたコメントを返すのとでは、印象がまるで違ってきますよね。

映画の感想・コメントを継続的に書いて地力をつけておくと、いざというときに身を助けてくれます。ボキャブラリーや知識が蓄積されることで、表現の幅が広がるからです。

＊**『コメント力「できる人」はここがちがう』**齋藤孝著
（ちくま文庫、2007年）
教育学者として知られ、コメンテーターとしても活躍する著者が、切れ味鋭いコメントをするコツについて解説。SNSでのコメントはもちろん、映画評でも参考になる一冊です。

感想を個人的なノートや自身の胸に留めておくというのも、それはそれで肯定すべき考え方です。「とくにSNSやブログはやってない」という人は、これまで同様、ご自身の日記なり手帳なりに記録するだけでもいいでしょう。

一方でSNSやブログ、映画情報サイトの口コミ文化が一般化している現在では、あらゆる人が気軽に映画の感想を自由に発信できます。これはチャンスともいえます。

あなたの感想が見知らぬ誰かの心を打ち、作品を見るきっかけを与えるかもしれません。あるいは、「隠れた名作」を発掘し、その価値を世に知らせる大役を担うことも十分ありえます。

あなたが映画を見る際には、少なからず作品の口コミを参考にするはずです。多少おおげさにいえば、作

「私が信頼している映画研究者のTwitterアカウントをいくつか紹介します」

大久保清朗 .... **@kiyoakiokubo**
北村匡平 .... **@Kyohhei99**
yutaka kubo（久保豊） .... **@humbleUtak**
土居伸彰 .... **@NddN**
長谷正人 .... **@mtokijirou**
畠山宗明 .... **@gilledwhale**
堀潤之 .... **@soignetongauche**
三浦哲哉 .... **@miuratetsuya**
Kumiko Mizobuchi（溝渕久美子） .... **@mizokumiko**
鷲谷花 .... **@HWAshitani**
渡邉大輔 .... **@diesuke_w**

品が不朽の名作として後世に語り継がれるか、存在が知られぬまま埋もれていくかは、観客一人ひとりのアウトプットにかかっているのです。

ただし、口コミ文化が一般化した現代社会では、せっかく感想をアウトプットしても埋没してしまう可能性が高いです。人気の映画作品なら、一日に数百もの感想がネット上に書き込まれるでしょう。

そうした状況下にあって、人の注目を集めるような感想を発信する能力は、仕事や実生活でも活かせるはずです。

人の興味をかき立てる感想を発信するには、編集能力とプレゼンテーション能力が不可欠だからです。この二つは、現在のようにオンライン全盛のビジネス環境のなかで自分を発信するにあたり、きわめて重要な能力です。

「編集もプレゼンも苦手なんだよな〜。具体的にどう能力を伸ばせばいいか、もったいぶらないで教えてください」

能力 1 編集力

まずは編集能力から説明していきましょう。

1本の映画には、膨大な量の情報が詰め込まれています。

セリフだけではありません。役者の服装や表情、音楽や映像の色調も情報の一部です。

その内容を言葉ですべて説明することは不可能ですし、そもそも意味がありません。それをやるくらいなら、じっさいに映画を見た方が早いからです。

感想をアウトプットする際には、その膨大な情報のなかからどの部分をピックアップして読み手に伝えるか、つまり「編集力」*が求められます。

あれこれ欲張って説明すると全体の印象が散漫になりかねません。

それよりは、むしろ独自の編集をくわえた方がかえって作品のエッセンスが伝わりやすくなるものです。

また、どの部分を選択するかという判断には鑑賞者のセンスがあらわれます。

センスといっても、特別なことは必要ありません。

＊『知の編集術　発想・思考を生み出す技術法』
松岡正剛（講談社現代新書、2000年）
『千夜千冊』のセイゴオ先生による実践的な「編集術」のレッスン。書籍や映像だけでなく、私たちの身の回りには「編集」があふれています。知的生産力を高めるための編集の基礎を学ぶことのできる一冊です。

他の人があまり注目していない場面に着目し、そこに重要な意味があることを指摘できれば、それだけで差をつけることができます。

最初から映画全体について何かを言おうとすると、どうしても漠然とした印象しか出てこなくなりがちです。

コツは、具体的な細部を意識することです。

ちょっとしたセリフの言い回しや、俳優のわずかな表情の変化が映画全体の鍵を握っていることはよくあります。そうした箇所を見つけることができれば、そこから作品全体へと議論を展開していくことができます。

ここまでくると、アウトプットがたんなる感想ではなく「批評」の域に達します。独自の観点から発信されたアウトプットは、読み手に強い印象を残すことでしょう。

能力2　プレゼンテーション力

続いてプレゼンテーション力についてですが、これはあなたが発見した細部とそこから展開した議論をどのように提示するかに関わる技術です。

SNSに感想を投稿する場合は、限られた文字数のなかでそれを最大限に伝えられるような表現を用いなければなりません。ある程度の長文で表現することができるブログの場合であっても、読み手が議論を追いやすくなるような工夫が求められます。そうしたことを意識しながらアウトプットを続けていけば、次第に表現方法が鍛えられ、洗練されていくでしょう。

よいプレゼンテーションにはいくつか特徴があります。私が特に重要視しているのは次の3つです。

① わかりやすいストーリーを組み立てる。
② 表現はできるだけシンプルに。
③ 強い言葉は「ここぞ」というときにだけ使う。

スティーブ・ジョブズはプレゼンの力で世界を変えました。ジョブズのプレゼンには明確で魅力的なストーリーがあります。キャッチーな表現で聴衆の気を引き、シンプルなスライドと言葉でそのストーリーを巧みに展開していくのです。*

＊ジョブズ流のプレゼン技法を解説した書籍はあまたありますが、ここでは次の2冊を挙げておきます。
『スティーブ・ジョブズ　驚異のプレゼン　人々を惹きつける18の法則』
カーマイン・ガロ（井口耕二訳、日経BP社、2010年）
『世界最高のプレゼン教室』
ガー・レイノルズ（日経BP社、2016年）

もちろん、誰もがジョブズ並みのプレゼン力を身につけられるわけではありませんが、そのエッセンスを参照することはできます。

専門用語を散りばめた難解な感想を書く必要はありません。むしろ、そうしたわかりづらい用語の使用は、読み手の興味を削《そ》ぎ、ネガティブな印象を与えかねません。それよりも、何を伝えるかを明確に設定し、それを有効に伝えるシンプルな表現を模索するべきです。

「伝えたいこと」はなにか

一般論だけではなかなかイメージが湧きづらいでしょうから、私自身のアウトプットの実践例をいくつか紹介しておきたいと思います。

曲がりなりにも映画研究、映画批評を生業《なりわい》としている身ですので、新作旧作を問わず自分が見た映画については積極的に感想を発信するようにしています。

その際、先ほど述べたように作品のどこにスポットライトを当てて、どのような表現でそれを伝えるかをつねに意識しています。私の場合は、それが次の仕事に直結する可能性があるからです。

とりわけ私はTwitterを活用していますが、講演や映画祭の審査員、原稿依頼等はいまやTwitter経由でくるものがほとんどです。

過去の投稿のなかで最も反響が大きかったのは、溝口健二の『山椒大夫』に関するツイートでした。『山椒大夫』は本書でもたびたび言及している作品ですが、画面の細部に至るまで徹底的に作り込まれています。

ツイートは下のようなものです。

伊藤弘了
@hitoh21
古い映画の何がすごいかというと、ひとつには今よりはるかにスペックの低い機材を使ってあれだけの映像を作り上げたその執念を挙げることができる。「執念」と言うと抽象的に聞こえるかもしれないが、たとえば『山椒大夫』のこのシーンでは、水面の白が際立つように手前の笹を墨で黒く塗っている。
午後9:17・2018年9月30日・Twitter Web Client
ツイートアクティビティを表示
1万 件のリツイート　83 件の引用ツイート　3万 件のいいね

このツイートは1万回リツイート（共有）され、3万のいいねを集めました（2021年6月末時点）。バズったと言っていい状況でしょう。

ご覧いただいてわかるように、ここでは映画の内容に関する説明は一切していません。

ここで伝えたかったのは、映画のストーリーではなく、画面作りからうかがえる当時の映画制作者たちの熱量の高さだからです。

「熱量の高さ」を「執念」という強い言葉に託し、その具体例として『山椒大夫』の一場面を挙げて、さらに画像を引用しました。これによって、主張に説得力が生まれたのだと考えています。

手前味噌ですが、主張と具体例をうまく組み合わせて提示することができた例だと思います。

こうしたテクニックは映画に限らず、あらゆる分野に適用可能です。

たとえば本や料理についてコメントする際にも使えるでしょう。最初はなかなかうまくいかないかもしれませんが、意識して続けていれば次第に読まれる文章に変わっていきます。

コメンタリー
映画の引用について

映画は著作物ですので、著作権法の保護を受けています。当然ながら権利者に無断で使用することはできません。

ただし、著作権法には例外規定が設けられており、学校で教育目的のために上映する場合などは許諾を得る必要がありません。

「引用」もそうした例外の一つです。

文章の引用は一般にも馴染みがあると思いますが、映画の場合も考え方は同様です。

著作権法の目的は、第一条に明記されているとおり「文化的所産の公正な利用に留意しつつ、著作者等の権利の保護を図り、もつて文化の発展に寄与すること」です。

著作者の権利はもちろん守られなければなりませんが、それはそうすることが「文化の発展」につながるからです。

特に映画の場合は製作に莫大な資金を必要としますので、海賊版が横行するようになれば資金の回収が困難となり、結果として映画文化の衰退を招きかねません。

しかし、映画をめぐる自由な言論は文化の発展に貢献するものです。論文や書籍では、映画の画像を引用することで読者の理解が深まりますし、画像を引用したからといって権利者に直接的な損害が出るわけでもありません（むしろその映画を正規の手段で視聴するきっかけになるかもしれません）。

もちろん、引用と言えば何でも許されるわけではなく、守るべき要件があります。たとえば「主従関係」「明瞭区分性」「必然性」などです。引用部分は自説の補強に用いるべきもので、質的分量的に引用の方が従の側になければならず、自分の議論と引用部分が明確に区別されている必要があります。

また、その引用が議論を展開するうえで必然性のあるものでなければなりません。さらに、引用部分の出典を明示し、改変をくわえないことなども求められます。

したがって、ブログやＳＮＳの投稿の見栄えをよくするためになんとなく映画の画像を載せるようなケースでは、引用とは見なされない可能性が高いです。

本書でも多くの映画作品から画像を引用していますが、こうした要件に留意しています。

小津作品ツイートが「バズった」理由

小津安二郎の『**彼岸花**』（1958年）に関するツイートがバズったこともあります（先ほどのツイートと同じ日の出来事でした）。

小津は、画面内の小道具類をミリ単位で緻密に調整することで知られていますが、それが顕著にあらわれているのが卓上のグラスや皿です。**図8-1**に見られるように、小津の映画ではグラスの中の液体の高さと皿の高さがそろっているのです。

おそらくは添付した画像の視覚的なインパクトも相まって、そのことを指摘したツイートは8000回以上リツイートされ、

伊藤弘了
@hitoh21
狂っていたという点では小津安二郎も大概だけれど、小津の場合はそれが一見わかりにくいというか無意味にさえ思える分、余計に怖い。たとえばグラスのなかの液体の高さを揃えようとしてみたり、その高さと卓上の皿の高さを合わせようとしてみたり。すべてのショットでこの種のこだわりを貫こうとする。
午後11:40 · 2018年9月30日 · Twitter Web Client
ツイートアクティビティを表示
8,253 件のリツイート　227 件の引用ツイート　2.1万 件のいいね

2万を超える「いいね」を集めました。

このツイートの構造は、実は先ほど紹介したツイートと同様です。

きわめて具体的かつ明瞭な細部に着目し、それを「古典期の映画監督がもっていた狂気を感じさせるほどの映画づくりへの執念」というわかりやすいストーリーに乗せて提示しているのです。専門用語も一切使っていません。

こちらも、「狂っていた」というやや抽象的ながらキャッチーで強い言葉と具体的な細部の指摘がうまく嚙み合った例と言っていいでしょう。

専門的な情報こそ、わかりやすい言葉で読み手に届ける努力が必要です。

それは映画に限ったことではありませんし、プロであるか素人であるかも関係ありません。

図8-1　『彼岸花』小津安二郎監督、1958年（DVD、松竹、2013年）

専門雑誌に専門家として記事を書くような場合は話が別ですが、ＳＮＳに感想やコメントを投稿する場合は、多くの人に届けるという意識を持つように心がけましょう。

短文から長文の感想にチャレンジ

さて、その後、このツイートへの注目度の高さを目にしたＷｅｂ媒体の編集者から原稿依頼がくることになります。

依頼の内容は、ツイートで紹介した内容についてさらに深く掘り下げて解説してほしいというものでした。参考までに、私が「ツイッターの映画批評」をどう膨らませて評論にしたたか、そのプロセスを紹介します。

長くても数百字以内でまとめなければならないＳＮＳの投稿とは違って、記事の場合は数千字の文字数を使うことができます。

そこで私は、小津が小道具類の高さをそろえたのはたんなる神経症的なこだわりの発露ではなく、あくまで作劇上の要請に応じたものであるという内容で議論＝ストーリーを組み立てることにしました。

それがどういうことかを説明するためには、もう１枚の画像を見ていただく必要があります。**図8-2**は**図8-1**と同じシーンの画像です（**図8-1**に写っているのは母親役の田中絹代で、**図8-2**は娘役の有馬稲子）。どちらの画像でも、女優の手が卓上に見えていることに注目してください。

そうすると、実はグラスの中の液体や皿は女優の手と同じ高さに調整されていることがわかります。この母娘の手には決定的な差異があるのですが、おわかりになるでしょうか？

それは左手薬指の指輪の有無です。このシーンは、結婚式前夜の家族の食事を描いたものです。母親が結婚指輪をはめているのに対して、娘の左手には婚約指輪が見当たりません。

図8-2　『彼岸花』小津安二郎監督、1958年（DVD、松竹、2013年）

もちろん、自宅にいるから外しているだけかもしれません。また、現在ほど婚約指輪の文化が一般化していたわけでもありません。ただし、この家は父親が会社の重役をしており、比較的裕福な部類に入ります。

ですが、当の父親はこの結婚に反対しており、家族の食事にも姿を見せなければ、翌日の結婚式にも参加しないと言っているのです。くわえて、彼女の結婚相手は必ずしも裕福な家庭の出ではなく、両親からの援助が期待できないなかで、婚約指輪を用意するほどの余裕がなかったとも考えられます。

前途多難な結婚生活が予想される娘の薬指に指輪が見当たらず、安定した結婚生活を送ってきたと思われる母親が指輪をしていることに気づいた観客は、そこからさまざまな想像を働かせることができます。

したがって、この場面に見られるグラスや皿の高さの統一は、女優の手のための空間を用意し、指輪の有無を際立たせる働きをしているのではないかというのが私の解釈です。つまり、小道具の高さを利用して観客の視線を自然に女優の手元へと誘導しているわけですね。

その手元の対比を通して、最終的には映画のテーマである親世代と子ども世代との価値観（結婚観）の対立にまで議論を展開していきました。映画の公開当時はちょうど見合い結婚と恋愛結婚の比率が逆転する直前に当たっており、自分たちと同じように娘も親の認めた相手と見合い結婚をして当然だと思っている父親と、自分の結婚相手くらい自分で見つけて何が悪いと考える娘の価値観が衝突しているのです。

　編集者に聞いたところでは、私の記事は、古い映画を取り上げた記事としては例外的に高いアクセス数を記録したということです。

「イトウ先生は昔の映画をたくさん見てるから有利だよなあ。そんなマニアックな映画まだ見てないよ」

　旧作映画に関するアウトプットを紹介してきましたが、最近の映画についてもやり方は同様です。作品を通して伝えたいことやテーマと、具体的な細部の指摘を組み合わせることで読み手の印象に残るアウトプットを目指しましょう。

「SNSなら任せて！『いいね！』がつかなくても、まずは発信あるのみ。いつかバズってやるんだから」

コメンタリー

「映画を見る会」を開こう

友人や恋人と一緒に映画を見て、鑑賞後に互いの意見を交わして盛り上がった経験をお持ちの方は多いでしょう。これも重要なアウトプットの場です。

私は基本的に一人で映画を見ることが多いですが、大学時代に数ヶ月に一度程度のスパンで「映画を見る会」を開いていました。学内の友人だけでなく、学外やバイト先で知り合った友人、当時運営していたブログを通して知り合った友人などに声をかけ、そのときどきの話題作（ときには旧作のリバイバル上映）を見に行っていました。

さまざまなバックグラウンドを持つ人と一緒に映画を見て、意見を交わすことは刺激的な経験です。毎回参加してくれる人もいれば、たまに顔を出してくれる人、あるいは一度きりの人もいて、毎回顔ぶれが変わったのもよかった点の一つだと思います。初対面同士の参加メンバーが意気投合してつながりができたケースもあります。

大学卒業後の進路はバラバラで、一般企業に就職した人、私と同じように研究職を目指して大学院に進学した人、ライトノベル作家になった人、司法試験に合格した人など、多岐にわたっています。

彼らの多くとはいまだに連絡を取り合う機会があり、映画を見る会の常連メンバーで出版社に就職した友人から原稿依頼を受けたこともあります。映画がつないでくれた縁に深く感謝しています。

孤独に浸る時間が人生を豊かにする

とはいえ、アウトプットをバズらせることは究極的な目標ではありません。

単に耳目《じもく》を集めたいだけなら、むしろ炎上を狙うような露悪的な表現の方が効果的かもしれません。ですが、それは洗練された大人の振る舞いとは対極にあるものです。

本当に伝えたい内容があってはじめて、それを伝えるための技術が活きてくるのです。

「伝えたい」という切実な思いが伴っていなければ、いくら小手先の技術で注目を浴びてもあとに残るのは虚しさだけでしょう。

あなたの伝えたいことは何ですか？

それを映画の感想をとおして発信すればいいのです。

「僕は環境問題。海外のドキュメンタリー映画を見て、感じたことをブログにまとめてみます」

「私は頑張っている女性を応援したいわ。まずは『プラダを着た悪魔』を見ようかしら」

いいですね。結局のところ、王道に勝る近道はありません。

映画を通して「本当に伝えたい内容」あるいは「何としても他者に伝えるだけの価値のある内容」を持つには、遠回りなようでも、やはり意識的な映画体験を日々積み重ねていくしかないのです。本書がみなさんにそのためのヒントを提供できていれば幸いです。

講義を締めくくるに当たって、私が敬愛するフランスの思想家ロラン・バルトの言葉を引用します。

　私はその驚きのことをときどき人に話してみたが、しかし誰も驚いてはくれず、理解してさえくれないように思われたので、私自身も忘れてしまった（人生は、このように、小さな孤独の数々から成り立っているのだ）。[1]

　効果的なアウトプットの方法について書いておきながら矛盾していると思われるかもしれませんが、究極的にはあなたが映画を見て味わった驚きや感動を過不足なく他者に伝えることは不可能です。その感動はあなたという人間の全人格によって支えられている、あなただけのものだからです。

　どんなに心を砕いても、伝え切れない部分は必ず出てきます。

　ですが、それは無駄にはなりません。たとえ自分の記憶からさえ抜け落ちてしまったとしても、そうした無数の感動体験があなた自身を形成していくので

ロラン・バルト *Roland Barthes (1915-1980)*

フランス現代思想を代表する思想家のひとり。記号論の知見を駆使した構造主義的批評を得意とする。「作者の死」「零度のエクリチュール」をはじめとする多くの刺激的な概念を提唱した。何度か日本を訪れており、計数ヶ月に及ぶ滞在経験に基づいて1970年に『表徴の帝国』という日本文化論を発表している。
㋑バルトは映画『ブロンテ姉妹』（アンドレ・テシネ監督、1979年）に作家のウィリアム・サッカレー役で出演しています。

す。

　それはたしかに孤独な営みに違いないでしょう。ですが、深みのある人格を身につけ、豊かな人生を送るためには、孤独に浸り、自分自身と向き合うための時間が絶対に必要なのではないでしょうか。

　そうした「小さな孤独の数々」こそ、映画が与えてくれる最も貴重な経験なのかもしれません。

「ここまでの『宿題』を通して考えたことや気づいたこと、映画を見た感想などをノートに書きとめたり、SNSで発信したりしてみましょう」

「はい！　それにしても映画がこんなに奥深いものだったとは。人生で迷ったとき、仕事がうまくいかなかったとき、これまでの講義を振り返ってみます」

「私も、もっと映画を勉強したくなったわ。イトウ先生、映画の楽しさを教えてくれてありがとうございました！　また、いつか続きを教えてくださいね」

Homework

1
自分が見た映画の
タイトルやスタッフ名を記録しよう!

2
映画の感想をSNSや口コミサイトで発信しよう!

3
自分がほんとうに伝えたいことはなにか
自問してみよう!

INTER MISSION

そのアウトプットは誰のためのもの？

「つぶやき」が仕事につながるケースも

最近の映画は、ＨＰ以外にも、たいてい作品ごとにＳＮＳの公式アカウントを開設しています。

TwitterやInstagramはもちろん、YouTubeにオリジナルコンテンツを配信するケースも増えてきています。

また、監督やスタッフ、出演俳優の多くが個人用のSNSアカウントを持っています。

何が言いたいかというと、SNSでの「発信」はチャンスになるということです。あなたが新作映画について感想を投稿すれば、関係者の目に止まって拡散してもらえるかもしれません。作品の規模にもよりますが、話題の大作ともなればそれだけで数万単位の人々に届く可能性があるのです。

もちろん、先ほど述べたように、膨大な量の感想に埋もれないためには、そこでほかと違う何かを打ち出す必要があります。

私自身も新作映画についての感想を投稿する際には関係者の目に触れることを常に意識しています。私の場合はそれが次の仕事に直結するからです。

つい最近も、Twitterに投稿した感想がきっかけとなってトークゲストの仕事をいただいたことがありました。

『大和（カリフォルニア）』（２０１６年）や**『TOURISM』**（２０１８年）などの意欲作で注目を集める宮崎大祐監督の新作**『VIDEOPHOBIA』**（２０２０年）を試写で見て、私はその傑作ぶりに大いに感銘を受けました。

なるべく作品の美点が伝わるような文面を意識した紹介ツイートをしたところ、映画好きの方々から反響が寄せられ、ありがたいことに監督やプロデューサーの目に止まるまでになりました。そのツイートがきっかけで、京都みなみ会館の上映初日に宮崎監督とトークをすることになったのでした。

SNSが一般化して社会に浸透している現代では、そんな奇跡のようなことがじっさいに起こるのです。

関係者の目を意識すると言っても、無闇に褒めたり、表面的に媚《こび》を売ったりすればいいというものではありません。心のこもっていない賛辞は逆に相手をしらけさせるだけで、それくらいなら耳の痛い批判の方が心に響くはずです。

褒めるにしても、つくり手が心血を注いでいる箇所、自信を持っている箇所をすくい上げる必要があります。そのためにはやはり映画をよく見ることが不可欠です。

あるいは、つくり手が意識していなかったような美点を指摘することができれば、より効果は大きいでしょう。自分がわかりきっていることを改めて繰り返されるより、自分自身でさえ気づいていなかったことを指摘してもらえる方が新鮮でありがたいからです。

映画を見たあとのアウトプットを通して自分のスキル（編集力、プレゼン力）を磨きつつ、関係者の拡散によって存在感を得るというのは、煎じ詰めれば利己的な動機に基づくものです。

好意的なコメントが、つくり手の創作意欲を刺激する

一方で、映画の観客が行なうアウトプットには利他的な側面もあります。

映画の制作者は、興行成績はもちろんのこと、場合によってはそれ以上に個々の観客の反応を気にするものです。自分たちが精魂込めてつくり上げたものですから当然のことでしょう。

あなたの好意的な感想はつくり手の励みとなるでしょうし、鋭い洞察を含んだコメントはつくり手の想像力を刺激するかもしれません。

映画文化を育むためには、成熟した観客の存在が不可欠です。

つくり手側は、目の肥えた観客との対話を通して緊張感をもって映画づくりに向かえるようになります。あなたの日々のアウトプットが、明日の豊かな映画文化につながっていくのです。

さて、それでは具体的にどういった内容を書いたのか。画像は、『VIDEOPHOBIA』を試写で見たあとに投稿したツイートです。

試写で見た映画を宣伝するのが目的のひとつですから、そのストーリーを伝えることには意味があります。このツイートではストーリーを一言で説明したあと、映画的に優れている箇所を指摘し、全体的な印象をまとめています。アイキャッチとしてポスターとスチール写真を載せるのもポイントです。人の注意を惹くような視覚イメージは貴重です。

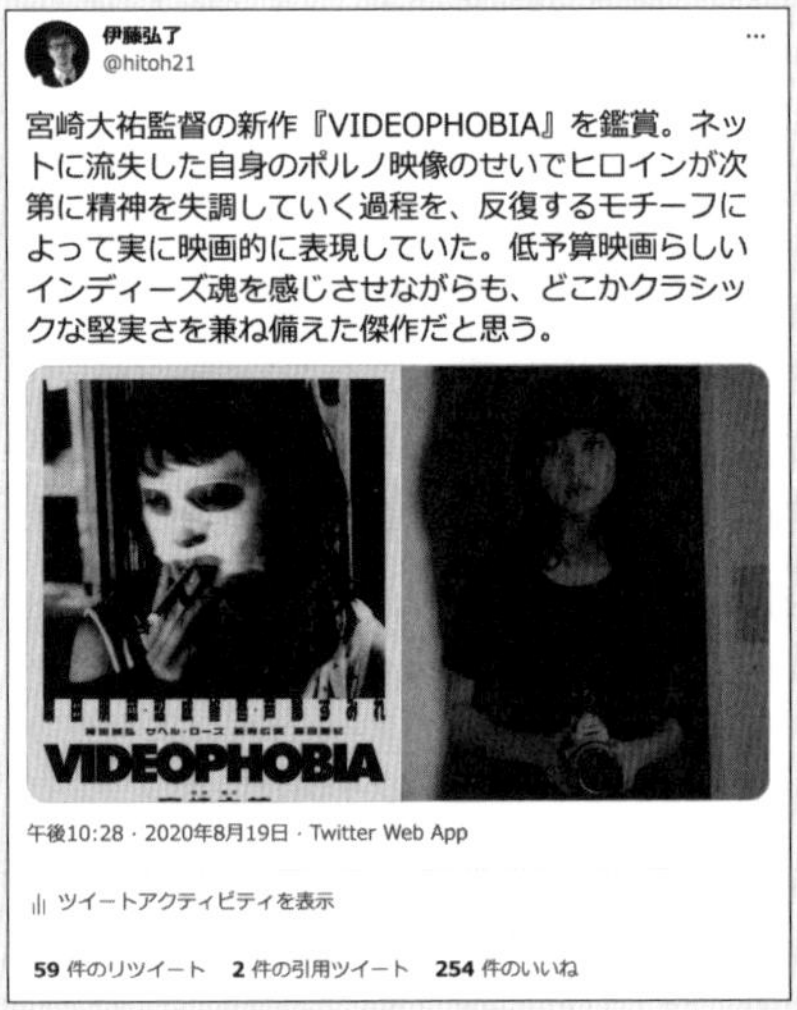
伊藤弘了
@hitoh21

宮崎大祐監督の新作『VIDEOPHOBIA』を鑑賞。ネットに流失した自身のポルノ映像のせいでヒロインが次第に精神を失調していく過程を、反復するモチーフによって実に映画的に表現していた。低予算映画らしいインディーズ魂を感じさせながらも、どこかクラシックな堅実さを兼ね備えた傑作だと思う。

午後10:28 · 2020年8月19日 · Twitter Web App

ツイートアクティビティを表示

59 件のリツイート　2 件の引用ツイート　254 件のいいね

こんな漠然とした内容のツイートでは、本文で紹介した原則から外れているのではないかと思われるかもしれませんね。ですが、今回のようなケースでは、まずは細部より作品の存在を人々に周知することが重要です。注目すべき映画の細部については、これに続くツイートで解説していきました。

リツイートやいいねの数は、本文で紹介した事例ほどではないですが、映画の公式アカウントや監督にリツイートしてもらった影響もあって、インプレッション（ユーザーのタイムラインに表示された回数）は7万回近くに及んでいます。つまり、最大で7万人の目に触れた可能性があるわけです。

ミニシアター系の作品は、必ずしも万人受けするものばかりではありません。ときには届けるべき観客層をイメージして、あえて感想やコメントの言葉遣いや抽象度を操作することもあります。すべての人に届けばいいのですが、それが難しそうな場合は届けるべき層を意識するのです。すべての人に届けようとして誰にも届かなくなってしまうくらいであれば、間口を狭めてでも届けるべき人に届く表現を採用した方が賢明です。

万バズ（1万以上のリツイートやいいね）を狙うばかりが能ではなく、ときには届くべき人々に届くだけの内容を意識することも重要です。

そのためには、まず監督やスタッフの名前、それから作品名を間違えないことです。また、本当にそう思ったのであれば、根拠とともに「傑作」「今年一番」などといった大袈裟な言葉で伝えても問題ないでしょう。それは映画のつくり手たちへの力強いエールとなるはずです。

あとがき

ここまでお付き合いいただき、ありがとうございました。

映画を見ることの効用、映画の歴史、映画を分析的に見る方法、アウトプット術について、ビジネスとの関わりを強調しながらお話しさせていただきました。ビジネスや映画鑑賞の質を上げるためのきっかけとして、本書の内容がみなさんのお役に立つことを願っています。


さて、本書のベースとなったのは、月刊誌『Voice』に5回にわたって寄稿した「教養としての映画」という連載記事です。

本書のコンセプトに沿って内容を再構築し、記事に大幅な加筆・修正を施したのはもちろん、別の機会に書いたものや、書き下ろし原稿をくわえてまとめなおしました。

初出は次のとおりです。

プロローグ　「トイ・ストーリー」は難しい？……書き下ろし

第1講　映画を見たらどんないいことがあるか――人生が劇的に変わる5大効用……「教養としての映画①なぜ、いま映画を見るべきなのか」（『Voice』２０２０年６月号、２２６-２３３頁）

第2講　映画史を知ればビジネスの基本がわかる――イノベーションと産業の歴史……「教養としての映画②現代人が映画の歴史を知っておくべき理由」（『Voice』２０２０年７月号、２２０-２２７頁）

第3講　日本の古典映画はなぜ世界で評価されるのか――黒澤・溝口のすごい仕事術……「教養としての映画③古典的名作から学ぶ鑑賞法」（『Voice』２０２０年８月号、２２２-２２９頁）

第4講　絵画のように映画を見る――人間の真実を描いた小津の『東京物語』……「教養としての映画③古典的名作から学ぶ鑑賞法」（『Voice』２０２０年８月号、２２２-２２９頁）

第5講　映画で考える「家族のあり方」――是枝裕和『海街diary』の視線劇……「是枝裕和『海街diary』における記憶表象――フラッシュバックの欠如と視線の等方向性」（『人間・環境学』26巻、２０１７年12月、７５-９０頁）、「教養としての映画④ビジネスパーソンのための現代作品鑑賞法」（『Voice』２０２０年９月号、２２６-２３３頁）

第6講　映画のトリックに騙されてみる――ヒッチコックから学ぶ「バイアス」にとらわれない方法……書き下ろし

第7講　映画の「嘘」を知る――人の心を動かす映像戦略……「賛否両論の『ボヘミアン・ラプソディ』を5回見てわかった「ラスト21分」4つのウソ――映画は嘘をつくから素晴らしいのだ」、『文春オンライン』（2018年11月）、https://bunshun.jp/articles/-/9782、「『ボヘミアン・ラプソディ』の危険な魅力――猫の可愛らしさに抗えない人類はヒトラーの出現を防げなかった」（『Voice』2019年3月号、237-241頁）

最終講　あなたの感想が世界を変える――情報を整理し、表現する力……「教養としての映画⑤　鑑賞後のアウトプット術」（『Voice』2020年10月号220-229頁）

ご覧いただいてわかる通り、プロローグと第6講以外はすべて月刊誌『Voice』に寄稿した記事が元になっています。このうち、第7講だけは「教養としての映画」の連載が始まる前に寄稿した記事です（これに『文春オンライン』に書いた記事の内容をくわえました）。

すべての記事で編集を担当してくださった『Voice』編集部の中西史也さんに深く御礼申し上げます。連載を無事に終えることができたのは、しばしば締切を超過してしまった私を信じて温かい励ましと助言の言葉をくださった中西さんのおかげです。

是枝裕和監督の『海街diary』を分析した第5講も『Voice』の記事がベースになって

いますが、ここに記載したように、その記事にはさらに元になった論文があります。

京都大学大学院人間・環境学研究科の紀要に掲載された学術論文をビジネスパーソン向けに書き直して記事にしたのち、本書に収録するにあたってもう一度手をくわえました。映画研究者としての仕事をビジネスパーソンの方に向けた本に盛り込むことができて、個人的に深い感慨を覚えています。

というのも、私が大学院の修士課程に在籍していた際の指導教員であった加藤幹郎先生は、専門知を一般社会へと還元することの重要性を常々説かれており、私もその考えに共感していたからです。

加藤先生は口で言うだけでなく、毎年のように書籍を出されることで、自ら率先して「専門知を社会に還元すること」を実践されていました。第6講は、その加藤先生が一般の読者向けに書かれたヒッチコックの分析をさらに私なりに咀嚼しなおしたものとなっています。

加藤先生は、本書の執筆を進めていた昨年9月に急逝されました。先生の分析を参照した私の議論について、直接ご叱正を賜る機会を逸してしまったことは残念でなりませんが、私が受けた学恩のいくばくかでもお返しできていればと思います。

本書の企画から刊行まで、ＰＨＰ研究所の大隅元《げん》副編集長には大変お世話になりました。遅々として進まない私の筆を前にして「こいつは本当に書く気があるのか」とさぞヤキモキされたことと思いますが、そんなことはおくびにも出さず、辛抱強く伴走してくださいました。心からの感謝を申し上げます。

私にとって本書は初めての単著ですが、曲がりなりにも一冊の本としてのまとまりを持っているとすれば、それはバラバラだった拙稿の各パートを見事な手腕で編集してくださった大隅さんのお力です。

無機質だった文字列に本としての形を与えてくれたブックデザイナーの新井大輔さんと、素敵なイラストで本書に彩りを添えてくれた朝野ペコさんにも感謝しています。もちろん、本書に至らない点があるとすれば、それはすべて私の責任です。

最後に、ともすればサボりがちな執筆中の私を辛抱強く励まし続けてくれた妻の結には感謝してもしきれません。いつもありがとう。

ホラー映画が苦手な妻と、もうすぐ生まれてくる我が子に本書を捧げます。

２０２１年６月

京都にて　伊藤弘了

参考・引用文献

第1講

1 池波正太郎『映画を見ると得をする』新潮文庫、1987年、191頁

2 同前書、210頁

第2講

1 トム・ガニング「アトラクションの映画 初期映画とその観客、そしてアヴァンギャルド」中村秀之訳、長谷正人・中村秀之編訳『アンチ・スペクタクル 沸騰する映像文化の考古学（アルケオロジー）』東京大学出版会、2003年、308頁

第3講

1 稲田豊史『映画を早送りで観る人たち』の出現が示す、恐ろしい未来」現代ビジネス、2021年3月29日

2 井上和男編『小津安二郎全集（下）』新書館、2003年、366-367頁

3 加藤幹郎『「ブレードランナー」論序説 映画学特別講義』筑摩書房、2004年、243頁

4 村上春樹『ノルウェイの森（上）』講談社文庫、2004年、66頁

5 通商産業省編『映画産業白書 昭和33年』大蔵省印刷局、1959年、10頁

6 高峰秀子『わたしの渡世日記（上）』新潮文庫、2011年、295頁

7 黒澤明『蝦蟇の油 自伝のようなもの』岩波現代文庫、2001年、302頁

8 同前書、303頁

9 同前書、253頁

10 ジャック・リヴェット「フランスから見た溝口」、谷昌親訳、『ユリイカ 特集溝口健二――あるいは日本映画の半世紀』1992年10月号、青土社、65頁

11 エリック・ロメール「才能の普遍性」、谷昌親訳、同前書、62頁

12 J・L・ゴダール「簡潔さのテクニック」、保苅瑞穂訳、同前書、57頁

13 蓮實重彦・山根貞夫編『国際シンポジウム溝口健二 没後50年「MIZOGUCHI2006」の記録』朝日選書、２００７年、１２５頁

14 蓮實重彦、青山真治「今、溝口健二に寄せて」、西田宣善（司会・構成・文）、『キネマ旬報』２０１５年6月下旬号、71頁

15 同前書、72頁

第4講

1 『小津安二郎・人と仕事』蛮友社、１９７２年、２２５頁

2 高橋治『絢爛たる影絵 小津安二郎』岩波現代文庫、２０１０年、34～35頁

3 内田樹『うほほいシネクラブ 街場の映画論』文春文庫、２０１１年、１７８頁

4 田中眞澄編『小津安二郎戦後語録集成 昭和21（一九四六）年―昭和38（一九六三）年』フィルムアート社、１９８９年、２２５頁

5 同前書、３９７頁

6 古賀重樹『1秒24コマの美 黒澤明・小津安二郎・溝口健二』日本経済新聞出版社、２０１０年、66頁

7 同前書、67頁

8 田中眞澄編『全日記 小津安二郎』フィルムアート社、１９９３年、３９３頁

9 『小津安二郎戦後語録集成』１３３頁

10 『小津安二郎・人と仕事』６１３頁

11 同前書、25頁

12 同前書、２３８頁

第7講

1 スティーヴン・バック『レニ・リーフェンシュタールの嘘と真実』野中邦子訳、清流出版、２００９年、２２５頁

2 瀬川裕司『美の魔力――レニ・リーフェンシュタールの真実』パンドラ、２００１年、１３３頁

最終講

1 ロラン・バルト『明るい部屋 写真についての覚書』花輪光訳、みすず書房、１９８５年、7頁

END

伊藤弘了

いとう ひろのり

映画研究者＝批評家

1988年生まれ。愛知県豊橋市出身。

慶應義塾大学法学部法律学科卒業。京都大学大学院

人間・環境学研究科博士後期課程研究指導認定退学。

現在は関西大学、同志社大学、甲南大学で非常勤講師を務める。

また、東映太秦映画村・映画図書室にて

資料整理の仕事を行なっている。

「國民的アイドルの創生――AKB48にみるファシスト美学の

今日的あらわれ」(『neoneo』6号)で「映画評論大賞2015」を受賞。

Twitter：@hitoh21

「映画はほんとうに素晴らしいですね、

サヨナラ、サヨナラ、サヨナラ……」

仕事と人生に効く
教養としての映画

2021年8月10日　第1版第1刷発行
2022年1月13日　第1版第6刷発行

著者　伊藤弘了
発行者　永田貴之
発行所　株式会社PHP研究所
東京本部　〒135-8137 江東区豊洲5-6-52
第二制作部　☎03-3520-9619（編集）
普及部　☎03-3520-9630（販売）
京都本部　〒601-8411 京都市南区西九条北ノ内町11
PHP INTERFACE　https://www.php.co.jp/

イラストレーション　朝野ペコ
ブックデザイン　新井大輔
編集　大隅 元
印刷所　大日本印刷株式会社
製本所　東京美術紙工協業組合

ISBN978-4-569-84923-2
JASRAC 出 2106484-106

	1910年代	1920年代	1930年代
主なトピック	第1次世界大戦（1914-1918） ロシア革命（1917） スペインかぜ大流行（1918-1921）	関東大震災（1923） 世界恐慌（1929）	満州事変（1931） 第2次世界大戦勃発（1939年）
洋画	□**國民の創生** （D・W・グリフィス、1915）	□**キートンの探偵学入門** （バスター・キートン、1924） □**メトロポリス** （フリッツ・ラング、1927） □**アンダルシアの犬** （ルイス・ブニュエル、1929） □**カメラを持った男** （ジガ・ヴェルトフ、1929）	□**或る夜の出来事** （フランク・キャプラ、1934） □**モダン・タイムス** （チャールズ・チャップリン、1936） □**赤ちゃん教育** （ハワード・ホークス、1938） □**ゲームの規則** （ジャン・ルノワール、1939） □**駅馬車** （ジョン・フォード、1939） □**風と共に去りぬ** （ヴィクター・フレミング、1939）
邦画		□**雄呂血** （二川文太郎、1925） □**狂つた一頁** （衣笠貞之助、1926） □**忠次旅日記** （伊藤大輔、1927）	□**何が彼女をそうさせたか** （鈴木重吉、1930） □**マダムと女房** （五所平之助、1931） □**有りがたうさん** （清水宏、1936） □**人情紙風船** （山中貞雄、1937）

映画鑑賞ノート

制作年　上映時間

月　日　作品名

監督　スタッフ

脚本家　キャスト

媒体、映画館名　自由記述欄

制作年　上映時間

月　日　作品名

監督　スタッフ

脚本家　キャスト

媒体、映画館名　自由記述欄

制作年　上映時間

月　日　作品名

監督　スタッフ

脚本家　キャスト

媒体、映画館名　自由記述欄

制作年　上映時間

月　日　作品名

監督　スタッフ

脚本家　キャスト

媒体、映画館名　自由記述欄